Lektürehilfen
Gottfried Keller
„Romeo und Julia auf dem Dorfe“

von Beate Hermes

Ernst Klett Verlag
Stuttgart Düsseldorf Leipzig

In der Klett-Reihe Editionen für den Literaturunterricht ist erschienen:
Gottfried Keller, Romeo und Julia auf dem Dorfe.
Text und Materialien. Materialien ausgewählt und eingeleitet von Peter Haida. Stuttgart 1980.
Klettbuch 3541
(Alle Seitenangaben zum Text beziehen sich auf diese Ausgabe)

Gedruckt auf Papier, welches aus Altpapier hergestellt wurde

Die Deutsche Bibliothek – CIP-Einheitsaufnahme

Hermes, Beate:
Lektürehilfen Gottfried Keller, „Romeo und Julia auf dem Dorfe“ / von Beate Hermes. – 6. Aufl. – Stuttgart ; Düsseldorf ; Leipzig : Klett, 1999
(Klett-Lektürehilfen)
ISBN 3-12-922322-3

6. Auflage 1999

Internetadresse: http://www.klett-verlag.de/klett-lerntraining
E-Mail: klett-kundenservice@klett-mail.de
Umschlagfoto: Ullstein Bilderdienst
Satz: Janß, Pfungstadt
Druck: Druckerei zu Altenburg GmbH
Einbandgestaltung: Bayerl & Ost, Frankfurt/M.
ISBN 3-12-922322-3

Inhalt

Zu diesem Buch

Gottfried Keller (1819–1890) trug die Idee für seine Bearbeitung des Romeo und Julia-Stoffes fast ein ganzes Jahrzehnt mit sich herum. Zunächst wollte er ihn in Gedichtform darstellen, entschloß sich jedoch später dazu, ihn in Prosaform zu fassen. Die Erzählung erschien 1856 zusammen mit vier weiteren unter dem Titel „Die Leute von Seldwyla". „Romeo und Julia auf dem Dorfe" wurde bereits zu Lebzeiten des Dichters aus dem Novellenzyklus als „Rosine herausgeklaubt", wie Keller es in einem Brief formuliert. Der Grund dafür, daß die Novelle auch heute noch aktuell ist, liegt wohl darin, daß Keller hier nicht nur eine tragische Liebesgeschichte erzählt, sondern daß er sich auch mit allgemein menschlichen Problemen auseinandersetzt. Mit scharfem Blick analysiert er menschliche Eigenschaften und Schwächen. Daß die Erzählung auch heute noch gelesen wird, liegt jedoch nicht nur an der Thematik, sondern auch an ihren formalen Qualitäten, die bei intensivem Lesen deutlich zu Tage treten.
Zum vertiefenden Verständnis der Erzählung soll eine ausführliche Inhaltsangabe Hilfe bieten, in der bereits auf Einzelaspekte hingewiesen wird, die in den folgenden Kapiteln unter den für die Interpretation zentralen Gesichtspunkten behandelt werden (Thematik, Erzählperspektive, Symbolgeflecht etc.). Eine literaturgeschichtliche Einordnung der Novelle soll eine zusätzliche Verständnishilfe bieten. Erläuterungen von Wörtern erleichtern die Lektüre, da sich im Text viele Archaismen und schweizerische Ausdrücke finden.

Der inhaltliche Aufbau

Durch die im Titel genannten Namen Romeo und Julia, die an die berühmteste Bearbeitung dieses Stoffes durch den englischen Dramatiker William Shakespeare (1564–1616) denken lassen, wird das Thema der Erzählung bereits angezeigt, und der Leser kann schon hier erahnen, daß die Geschichte, die diesen Titel trägt, einen tragischen Verlauf nehmen wird. In der einleitenden Vorbemerkung des Erzählers wird indirekt abermals auf den literarischen Vorläufer verwiesen, wenn von den „großen alten Werken" die Rede ist, deren Fabeln „tief im Menschenleben" (S. 3) wurzeln, also Themen von allgemein-menschlichem Interesse behandeln, die an keine geschichtliche Epoche gebunden sind, sondern lediglich in einem „neuen Gewand" (S. 3) auftreten. Daß es sich bei der nun folgenden Erzählung um einen alten Stoff in einem „neuen Gewand" handelt, wird im Titel dadurch hervorgehoben, daß den beiden Namen das Attribut „auf dem Dorfe" beigefügt ist. Spielte Shakespeares Tragödie unter alten Adelsgeschlechtern in einer städtischen Umgebung, wird sich die Handlung hier in einem dörflichen Milieu unter Bauernfamilien abspielen. Es geht jedoch nicht um die „müßige Nachahmung" (S. 3) eines literarischen Vorläufers, sondern die Geschichte beruht, wie der Erzähler nachdrücklich betont, auf einer wahren Begebenheit.

Alter Stoff in neuem Gewand

Wahre Begebenheit

1. Abschnitt (S. 3–10): Eine dörfliche Idylle

Schilderung der Landschaft

Nach dieser kurzen Einleitung beginnt die eigentliche Erzählung mit der Schilderung der Landschaft, in der sich die Geschichte zutragen wird.

Der Erzähler läßt den Leser auf ein weites Panorama blicken, ein Fluß ist zu sehen und, nicht weit davon entfernt, eine Stadt namens Seldwyl. Der Blick des Lesers wird nun näher herangeführt:

in der Ferne, am Fuß eines Erdwalls, an den sich eine fruchtbare Ebene anschließt, liegt ein Dorf; einzelne Bauernhöfe sind zu erkennen. Schließlich wird der Ausschnitt des Panoramas noch enger: drei Äcker sind zu sehen, die „gleich drei riesigen Bändern“ (S. 3) nebeneinanderliegen. Menschen sind zu erkennen: zwei Bauern pflügen an einem „sonnigen Septembermorgen“ (S. 3) die beiden äußeren Äcker, während der mittlere merkwürdigerweise „brach und wüst“ (S. 3) daliegt, obgleich die Gegend zuvor als fruchtbar bezeichnet wurde. Wieder wird der Blickwinkel auf die Szenerie enger. Die beiden Bauern werden nun aus der Nähe beschrieben. Es sind „lange, knochige Männer von ungefähr 40 Jahren“, die „auf den ersten Blick den sichern, gutbesorgten Bauersmann“ (S. 3) verkünden. Sie tragen beide die gleiche Kleidung. Die Falten ihrer Hosen sehen aus „wie aus Stein gemeißelt“ (S. 3). Ihre Gesichter werden als „ruhig und aufmerksam“ (S. 3) beschrieben. Die äußere Erscheinung der Bauern strömt Ruhe und Harmonie aus, ebenso wie ihre Bewegungen: „Langsam und mit einer gewissen natürlichen Zierlichkeit“ (S. 4) bewegen sie sich vorwärts. „Ruhevoll“, „still und langsam“ gehen sie ihrer Arbeit nach. Die Steine, die sie auf ihren Äckern finden, werfen sie mit „lässig kräftigem Schwunge“ (S. 4) auf den „wüsten Acker“ (S. 4) In der Beschreibung der Landschaft tauchen Bezeichnungen der Ruhe ebenfalls immer wieder auf. Der Erzähler spricht von der „Stille des Landes“ oder, wenig später, von der „stillen, goldenen Septembergegend“ (S. 4). In ihrem Äußeren und der Ruhe und Gleichmäßigkeit, mit der sie sich pflügend aneinander vorbeibewegen, gleichen die Bauern

Vom Panorama zum Ausschnitt

Die beiden Bauern

Bild der Ruhe

> „einander vollkommen in einiger Entfernung; denn sie stellten die ursprüngliche Art dieser Gegend dar, und man hätte sie auf den ersten Blick nur daran unterscheiden können, daß der eine den Zipfel seiner weißen Kappe nach vorn trug, der andere aber hinten im Nacken hängen hatte.“ (S. 3/4)

Die Perspektive wechselt also wieder. Die Bauern werden aus der Entfernung betrachtet, wie sie „wie zwei untergehende Gestirne“ (S. 4) hinter dem Hügel verschwinden, um bald darauf wieder aufzutauchen. Das Bild von den Gestirnen betont noch die Gleichmäßigkeit, mit der die Bauern über ihre Äkker ziehen. Wie die Sterne bewegen sie sich in geordneten Bahnen. Die Aufmerksamkeit des Lesers wird nun auf ein kleines Fuhrwerk gelenkt, das sich allmählich den Hügel hinauf bewegt, und in dem die Kinder der Bauern, ein Junge und ein kleines Mädchen, sitzen. Sie bringen ihren Vätern das Essen, „welches die zärtliche Bäuerin für den fleißigen Meister mitgesandt" (S. 4). Nachdem das Wägelchen auf der Anhöhe angekommen ist, führt der Erzähler den Blick aus dem Raum wieder in die Landschaft hinein, indem die Kinder nun aus der Nähe betrachtet werden. Der Junge ist sieben, das Mädchen fünf Jahre alt. Der Leser erfährt nicht sehr viel mehr über die beiden, als daß sie muntere Kinder sind und schöne Augen haben. Die äußere Erscheinung des Mädchens wird etwas eingehender geschildert. Es hat eine „bräunliche Gesichtsfarbe und ganz krause dunkle Haare", die ihm ein „feuriges und treuherziges Ansehen" verleihen (S. 5).

Die Kinder kommen

Gemeinsame Mahlzeit

Die beiden Bauern begeben sich zum Rastplatz der Kinder, um „als gute Nachbarn" (S. 5) ihre Mahlzeit gemeinsam einzunehmen, ein Hinweis auf das harmonische Verhältnis zwischen den Männern. Auch ihr Familienleben ist harmonisch und wohlgeordnet. Die Ehemänner tun pflichtbewußt ihre Arbeit („fleißige Meister"), die „zärtliche Bäuerin" bereitet liebevoll das Essen, welches die Männer „mit zufriedenem Wohlwollen" mit den Kindern teilen.

Der wüste Acker

Zwischen Manz und Marti – die Namen der Bauern werden an dieser Stelle zum ersten Mal genannt, wobei durch die Alliteration die Ähnlichkeit der Männer nochmals hervorgehoben wird – entspinnt sich ein Gespräch über den mittleren wüsten Acker, in dem deutlich wird, daß die beiden nicht ganz so rechtschaffen sind, wie es bisher den Anschein hatte. Sie berichten einander, daß sie Besuch von einem Vertreter des Seldwyler Bezirksrates erhalten haben, der ihnen den Acker zur Pacht anbot, was beide ablehnten. Der Acker, so erfährt der Leser in diesem Dialog, ist bereits seit zwanzig Jahren herrenlos. Er war einst im Besitz eines, wie Manz es formuliert, „verdorbenen“ (S. 6) Trompeters, doch niemand weiß, wo sich die als Erben in Frage kommenden Kinder dieses Mannes aufhalten. Ein den Heimatlosen angehörender Musiker, der schwarze Geiger genannt, sieht nach Martis Meinung ganz so aus, als sei er der Enkel des Trompeters. Da er jedoch keinen Taufschein besitzt, kann er seinen Anspruch nicht geltend machen. Auch Manz glaubt in dem Geiger den Enkel des Trompeters zu erkennen, aber, so entgegnet er Marti:

Eigentum eines Heimatlosen

> „wenn ich den Alten auch in dem dunklen Gesicht vollkommen zu erkennen glaube, so sage ich: irren ist menschlich ...“ (S. 6)

Offensichtlich wissen beide, daß der Acker dem Heimatlosen zusteht und wollen es nur nicht wahrhaben. Sie stehen dem gesellschaftlichen Außenseiter ebenso ablehnend gegenüber wie die Gemeinde von Seldwyla und stoßen sich nicht daran, daß dem Mann sein Erbe vorenthalten wird, nur weil ihm ein „Fetzchen Papier“ fehlt, um seine Herkunft zu beweisen.

Während die Väter nach Beendigung ihres Gesprächs zu ihrer Arbeit zurückkehren, vergnügen sich die Kinder auf dem wüsten Acker, der für sie eine „ungewohnte und merkwürdige Wildnis“ (S. 7) darstellt. Ihre Spiele werden im folgenden sehr ausführlich geschildert. Das Mädchen schmückt ihre beschädigte Puppe mit einem Röckchen aus grünen Blättern, einer roten Mohnblume als Haube und einem Gürtel und Halsband aus roten Beeren, so daß diese aussieht wie eine „Zauberfrau“ (S. 7). Der Junge will das Mädchen necken, indem er ihr die Puppe wegnimmt und damit herumtollt. Dadurch wird sie noch mehr beschädigt. Die Kleine weint so bitterlich beim Anblick ihrer derart mißhandelten Puppe, daß der Junge ein schlechtes Gewissen bekommt. Als seine Gefährtin dies bemerkt, schlägt sie ihn ein paar Mal, um dann zusammen mit ihm die Zerstörung des Spielzeugs fortzusetzen. Nachdem sie den Kopf der Puppe abgetrennt haben, und der Junge eine lebendige Fliege hineingetan hat, setzen sie ihn auf einen Stein, und, „da er noch mit der roten Mohnblume bedeckt war, so glich der Tönende

Grausames Spiel der Kinder

jetzt einem weissagenden Haupte“ (S. 9). Aber „jener Prophet erweckt Schrecken und Undank“ (S. 9). Die „menschliche Grausamkeit“ (S. 9) ist in den Kindern erweckt, und sie begraben das Haupt zusammen mit der darin eingeschlossenen Fliege. Auf das Grab setzen sie ein „Denkmal von Feldsteinen“ (S. 9). Doch daß sie „etwas Geformtes und Belebtes“ begraben haben, erfüllt sie mit Grauen, und sie entfernen sich von der „unheimlichen Stätte“ (S. 9), um sich damit zu vergnügen, sich gegenseitig die Zähne zu zählen, worüber sie schließlich einschlafen.

Vergehen an fremdem Eigentum

Die Väter haben inzwischen ihre Äcker gepflügt, doch bevor die Arbeit beendet wird, befiehlt einer der Bauern seinem Knecht, eine Furche in dem mittleren herrenlosen Acker zu pflügen. Der andere tut es seinem Nachbarn gleich, und

> „jeder sah wohl, was der andere tat, aber keiner schien es zu sehen und sie entschwanden sich wieder, indem jedes Sternbild still am andern vorüberging und hinter diese runde Welt hinabtauchte. So gehen die Weberschiffchen des Geschickes aneinander vorbei und ‚was er webt, das weiß kein Weber!‘“ (S. 10)

Das Zitat aus einem Gedicht von Heinrich Heine, mit dem der Erzähler den 1. Abschnitt der Novelle abschließen läßt, deutet an, daß die Unrechtstat der Bauern sich auf ihr weiteres Schicksal auswirken wird, ohne daß sie es zu diesem Zeitpunkt ahnen.

2. Abschnitt (S. 11–29): Der Streit der Väter

Die Ereignisse, die dieser Tat folgen, werden in starker Zeitraffung wiedergegeben. Der Erzähler berichtet, wie sich ein Konflikt zwischen den Männern entspinnt und mehr und mehr ausweitet.

Weitere Übergriffe

Die Jahre vergehen, und die Bauern pflügen eine Furche um die andere in den mittleren Acker, „ohne daß ein Wort darüber gesprochen worden wäre“ (S. 11).

Beide verdrängen jeden Gedanken an das Unrechtmäßige ihres Tuns. Daß der Erzähler die Tat der Bauern als moralisch verwerflich ansieht, zeigt sich daran, daß er sie als „Frevler“ (S. 11) bezeichnet; er begnügt sich also nicht mit der sachlichen Wiedergabe des Geschehens, sondern bewertet die Personen und ihre Handlungen.

Steine auf dem wilden Acker

Der Wall, zu dem sich die auf den zusammengeschrumpften mittleren Acker geworfenen Steine aufgetürmt haben, ist inzwischen so hoch, daß die Kinder sich nicht mehr über ihn hinweg ansehen können.

Der Junge, dessen Namen der Leser erst jetzt erfährt – er wird Sali gerufen, eine Kurzform von Salomon – ist inzwischen zehn Jahre alt, das „braune Vrenchen“, ein „feuriges Dirnchen“ (S. 11), sieben. Sie kommen nur noch während der Ernte zusammen, wo sie „den wilden Steinkamm, der sie trennte“ (S. 11) besteigen, um sich gegenseitig hinunterzustoßen. Mittlerweile ist von der Gemeinde entschieden worden, daß der brachliegende Acker verkauft werden soll. Manz und Marti sind die einzigen Interessenten, denn niemand will zwischen den beiden auf dem mittleren Acker eingeklemmt sein. Obgleich Manz und Marti

> „nichts weiter getan hatten als was zwei Drittel der Übrigen unter diesen Umständen auch getan haben würden, so sah man sie doch jetzt stillschweigend darum an ...“ (S. 11)

Die anderen Mitglieder der dörflichen Gemeinschaft verurteilen Manz' und Martis Handeln zwar nicht offen, aber doch insgeheim.

Manz kauft den Acker

Streit der Bauern um ein „Zipfelchen“

Nachdem der Acker an Manz verkauft worden ist, entbrennt zwischen den beiden Bauern ein heftiger Streit. Manz ist erbost darüber, daß Marti ein Dreieck aus dem unteren Ende des von ihm gerade erstandenen Ackers herausgeschnitten hat. Marti entgegnet darauf „kaltblütig“ (S. 12), daß Manz den Acker in seinem jetzigen Zustand gekauft habe, und daher kein Anlaß bestehe, das Dreieck wieder zurückzugeben. Voll Haß und Wut gehen die einstmals „guten Nachbarn“ (S. 5) auseinander. Der Streit zwischen den beiden erscheint um so lächerlicher, als es lediglich um ein kleines Zipfelchen geht, das jedoch Manzens Sinn für Symmetrie stört. Schwieg das Rechtsbewußtsein der Männer, als sie Furche um Furche von dem wilden Acker stahlen, so meldet es sich jetzt, da es um einen „lächerlichen“ (S. 13) Schnörkel geht.

Säuberung des wüsten Ackers

Am nächsten Tag wird Sali zusammen mit zwei Helfern von seinem Vater auf den wüsten Acker geschickt, um die Steine und das Unkraut wegzuschaffen. Es ist das erste Mal, daß Manz den inzwischen 11jährigen Jungen zur Arbeit anhält, was er

> „mit ernsthaften und gesalbten Worten tat, als ob er mit dieser Arbeitsstrenge gegen sein eigenes Blut das Unrecht betäuben wollte, in dem er lebte und welches nun begann seine Folgen ruhig zu entfalten“ (S. 13).

Wie schon am Ende des ersten Abschnitts, so wird auch hier vom Erzähler auf die zu erwartenden Auswirkungen der Unrechtstat hingewiesen. Nachdem die beiden Bauern, ohne sich der Konsequenzen bewußt zu sein, den Stein ins Rollen gebracht haben, nimmt das Schicksal nun seinen Lauf. Noch herrscht Freude auf dem Acker. Die zur Arbeit Ausgesandten gehen lustig und ausgelassen ans Werk. Wieder wird auf die Gefährdung der Idylle hingewiesen, wenn der Erzähler den Leser wissen läßt, daß dies „das letzte Freudenfest auf dem Unglücksfelde“ (S. 14) sein wird. Auch Vrenchen hat sich unter die „vergnügte Gesellschaft“ (S. 14) gemischt. Sobald Sali und sie in dem wilden Treiben voneinander getrennt werden, suchen sie, wieder in die Nähe des anderen zu gelangen. Am Abend kommen die beiden Bauern. Als Marti seine Tochter sieht, pfeift er „derselben schrill und gebieterisch“ (S. 14). Als sie erschrocken zu ihm hinläuft, gibt er ihr ein paar Ohrfeigen. Auch Manz zeigt sich erbost und schilt die auf dem Acker versammelte Gesellschaft, obgleich diese die ihr aufgetragene Arbeit erledigt hat. Weinend gehen Sali und Vrenchen nach Hause, doch die

Einbeziehung der Kinder in den Streit der Väter

> „Rauheit der Väter, an sich ziemlich neu, war von den arglosen Geschöpfen noch nicht begriffen und konnte sie nicht tiefer bewegen“ (S. 14).

War zunächst die Harmonie zwischen den beiden Männern zerstört worden, so erscheint nun auch das Verhältnis der Bauern zu ihren Kindern gestört, Sali und Vrenchen zeigen sich jedoch nicht über den Augenblick hinaus berührt von der Grobheit der Väter, denn sie wissen nicht, wie tiefgreifend und folgenschwer die Veränderung ist, die sich in dem Wesen der Männer vollzieht.

Verhältnis der Väter zu ihren Kindern gestört

Nachdem der Acker soweit hergerichtet ist, läßt Manz die Feldsteine aufnehmen, aber

> „es wollte kein Ende nehmen, und alle Steine der Welt schienen da beisammen zu sein" (S. 14).

Er läßt sie auf dem streitigen Ackerzipfel, den Marti bereits umgepflügt hat, zu einer „gewaltigen Pyramide" (S. 15) aufhäufen. Als Manz dieses „schöne Denkmal" (S. 15) erblickt, rennt er voll Wut zum Amtmann, um gerichtlich gegen seinen Nachbarn vorzugehen, und

Der Rechtsstreit zwischen Manz und Marti beginnt

> „von diesem Tage an lagen die zwei Bauern im Prozeß miteinander und ruhten nicht, ehe sie beide zugrunde gerichtet waren" (S. 15).

Nun schildert der Erzähler dem Leser, welche Auswirkungen der Streit der Männer auf ihr Wesen und ihr Verhalten hat. „Die Gedanken der sonst so wohlweisen Männer waren nun so kurz geschnitten wie Häcksel" (S. 15). Im folgenden beschreibt der allwissende Erzähler nicht nur aus seiner distanzierten Perspektive den Zwist zwischen Manz und Marti, sondern gibt auch die Sicht der Beteiligten wieder, indem er dem Leser ihre Gedanken mitteilt. Manz und Marti, die doch eigentlich tragische Gestalten sind, werden auch in ihrer Lächerlichkeit gezeigt. Beide glauben, daß der andere ihn für einen

> „verächtlichen Dummkopf halten müsse, da man dergleichen etwa einem armen haltlosen Teufel, nicht aber einem aufrechten klugen und wehrhaften Manne gegenüber sich erlauben könne" (S. 15).

Sie halten sich immer noch für die Männer, die sie einmal waren, und erkennen nicht, daß ihre Ehre „wunderlich" (S. 15) anmutet, und daß sie dadurch, daß sie als kluge Männer erscheinen wollen, das genaue Gegenteil erreichen. Sie geben sich

> „rückhaltlos der Leidenschaft des Streites und dem daraus erfolgenden Verfalle hin, und ihr Leben glich fortan der träumerischen Qual zweier Verdammten, welche, auf einem schmalen Brette einen dunklen Strom hinabtreibend, sich befehden, in die Luft hauen und sich selber anpacken und vernichten, in der Meinung, sie hätten ihr Unglück gefaßt" (S. 15).

Selbstzerstörung der Streitenden

Indem sie den anderen zu vernichten suchen, zerstören sie sich selbst.

Die Streitenden werden von Mitmenschen ausgenutzt

Da die beiden eine „faule Sache" (S. 15) betreiben, wie der Erzähler nicht ohne sittliche Wertung bemerkt, geraten sie zwangsläufig in die Hände von Menschen, die aus diesem Zwist ihren Nutzen und ihren Spaß ziehen wollen, vor allem Spekulanten aus der Stadt Seldwyla. Durch sie werden die Bauern immer tiefer in die Fehde hineingedrängt, denn

> „das Fleckchen Erde mit dem Steinhaufen darüber ... war nur noch der erste Keim oder der Grundstein einer verworrenen Geschichte und Lebensweise, in welcher die zwei Fünfzigjährigen noch neue Gewohnheiten und Hoffnungen annahmen als sie bisher geübt" (S. 16).

Sie halten sich die meiste Zeit mit ihren „Unterhändlern, Zuträgern und Ratgebern" (S. 16) in Spelunken auf und lassen sich von diesen zu unsinnigen Ausgaben verleiten, wobei ihnen „heimlich doch selber das Herz blutete" (S. 16). Beide, „welche eigentlich nur in diesem Hader lebten, um für keine Dummköpfe zu gelten", sind nun „solche von der besten Sorte" (S. 16), und werden von allen als solche angesehen. Sie vernachlässigen immer mehr ihre Arbeit. Anstatt wie früher ihrer Pflicht nachzukommen, liegen sie nun müßig zu Hause herum. Nur zuweilen scheint sie das schlechte Gewissen zu pakken, und sie bemühen sich, eiligst die liegengebliebene Arbeit nachzuholen. Doch sie finden niemanden mehr, der unter diesen Umständen für sie arbeiten will. Es geht immer mehr bergab mit ihnen, und nach Ablauf von zehn Jahren sind sie völlig verschuldet,

Müßiggang der Bauern, Verschuldung der Höfe

> „aber wie es ihnen auch erging, der Haß zwischen ihnen wurde täglich größer, da jeder den anderen als den Urheber seines Unsterns betrachtete ..." (S. 17).

Der Streit der Väter hat nicht nur Folgen für sie selbst, sondern auch für ihre Familien. Sowohl ihre Ehefrauen als auch ihre Kinder werden in den Konflikt hineingezogen. Die Männer verbieten ihnen, miteinander zu verkehren. Die Ehefrauen reagieren unterschiedlich in dieser Situation. Während Martis Frau, die „von guter Art" (S. 17) ist, vor Kummer stirbt, paßt sich Manzens Frau den Gegebenheiten an. Aus der einstmals „zärtlichen Bäuerin" (S. 4) wird eine „schlechte Genossin" (S. 17). Sie läßt ihren charakterlichen Schwächen „den Zügel schießen" (S. 17) und bildet sie zu Lastern aus. Sie wird falsch und verlogen,

Die Frauen der Bauern

> „und so, statt unter ihrem Mann zu leiden, drehte sie ihm eine Nase" (S. 17).

Die Kinder der Streitenden

Im folgenden beschreibt der Erzähler, wie es Sali und Vrenchen in dieser Lage ergeht. Das Mädchen muß nach dem Tod der Mutter

> „einsam in einem wüsten Haus der Tyrannei eines verwilderten Vaters" (S. 18)

leben. Der Leser erhält an dieser Stelle eine eingehende Beschreibung von Vrenchens Erscheinung und Wesen. Sie hat dunkelbraune Haare und blitzende blaue Augen.

> „Dunkelrotes Blut durchschimmerte die Wangen des bräunlichen Gesichtes und glänzte als tiefer Purpur auf den frischen Lippen" (S. 18).

Braun und vor allem rot sind die dominierenden Farben in ihrem Äußeren. Trotz des Elends und der Armut ist sie bemüht, sich „ordentlich und reinlich zu kleiden" (S. 18). Während die schrecklichen Ereignisse Salis Mutter dazu treiben, ihren Leidenschaften die Zügel schießen zu lassen, schickt sich Vrenchen demütig in ihr Schicksal. Der Verlust der Mutter ist „ein weiterer Zügel, der seinem lustigen und feurigen Wesen angelegt" (S. 18) ist. Sali dage-

Wie Sali die Veränderung seiner Eltern sieht

gen, der nur sehr knapp beschrieben wird – er ist hübsch und kräftig – weiß sich besser zu behaupten. Er bemerkt durchaus die Veränderung, die sich in der Situation der Familie und dem Wesen seines Vaters vollzogen hat. Er erinnert sich an seinen Vater als einen „festen, klugen und ruhigen" Bauern, „den er jetzt als einen grauen Narren, Händelführer und Müßiggänger vor sich sah", der „mit jeder Stunde rückwärts ruderte wie ein Krebs" (S. 19). Salis Kummer und Scham werden durch das Bemühen der Mutter betäubt, ihren Sohn zu verwöhnen, um ihn so auf ihre Seite zu ziehen. Er nimmt es ohne jede Dankbarkeit hin, denn auch der Wandel zum Schlechten im Wesen seiner Mutter ist ihm nicht verborgen geblieben. „Lässig und gedankenlos" tut er, was er will,

> „ohne daß dies jedoch etwas Übles war, weil er für jetzt noch unbeschädigt war vom Beispiele der Alten" (S. 19).

Salis düstere Zukunftsperspektive

Durch die Einschränkung ‚für jetzt' deutet der Erzähler an, daß auch Sali Schuld auf sich laden wird. Der Wunsch des Jungen ist es, „einfach, ruhig und leidlich tüchtig" (S. 19) zu sein. Sali – in dem sich Manz „mit verwirrtem Gewissen und gepeinigter Erinnerung" (S. 19) selbst erkennt, wie er früher einmal war – ist trotz der Freiheit, die man ihm gewährt, unglücklich, denn er weiß, daß seine Zukunft düster aussieht. Er lernt nichts,

> „da von einem zusammenhängenden und vernunftgemäßen Arbeiten in Manzens Haus längst nicht mehr die Rede war" (S. 19).

Salis und Vrenchens Beziehung

Der Junge verdrängt seine Zukunftssorgen, indem er sich mit seiner Freiheit und seiner „einstweiligen Unbescholtenheit" (S. 19) tröstet. Die Freundschaft zwischen Sali und Vrenchen scheint trotz der Feindschaft ihrer Väter nicht völlig erloschen. Der Junge muß mit Verwunderung feststellen, daß er, wenn von den Martis gesprochen wird, immer nur an Vrenchen denkt, „deren Anblick ihm gar nicht verhaßt war" (S. 20). Auch Vrenchen hegt noch Gefühle für ihren einstigen Spielgefährten, geht ihm jedoch aus dem Weg, weil sie sich von ihm verachtet glaubt.

In der folgenden Episode wird Manz auf dem Tiefpunkt seines sozialen Abstiegs gezeigt. Er ist soweit heruntergekommen, daß er seinen Hof aufgeben muß. Er zieht in die Stadt, wo er auf Anraten seiner „Seldwyler Gönner“ (S. 20) einen Gasthof pachtet. Auf den nächsten Seiten wird der Aufbruch in die Stadt und das Milieu, in dem die Familie von nun an leben muß, ausführlich geschildert, während die Handlung nicht weitergeführt wird. Die nun fast völlig verarmten Manzens packen ihren „zerfallenden Hausrat“ zusammen, und die Alte zieht ihre besten Kleider an. Als „künftige Stadtfrau“ blickt sie „schon mit Verachtung auf die Dorfgenossen“ herab, „welche voll Mitleid dem bedenklichen Zuge zuschauten“ (S. 21). Während die Dorfbewohner wissen, daß der Umzug in die Stadt für die Manzens der letzte Schritt zum sozialen Abstieg ist, gibt sich die Frau des Bauern töricht-hoffnungsvollen Zukunftsträumen hin. Wie ihr Mann, so ist auch sie in ihrer Verblendung nicht fähig, sich selbst zu sehen, wie sie wirklich ist. Ihre Falschheit hält sie für „Liebenswürdigkeit und Klugheit“ (S. 21). Mit diesen Eigenschaften glaubt sie die Seldwyler gewinnen zu können,

Manz gibt seinen Hof auf

Selbsttäuschung der Frau des Manz

> „und was ihr versimpelter Mann nicht machen könne, das wollte sie schon ausrichten, wenn sie nur erst einmal als Frau Wirtin in einem stattlichen Gasthofe säße“ (S. 21).

Ihre Hoffnungen werden jäh zerstört, denn der stattliche Gasthof erweist sich als “trübselige Winkelschenke“ (S. 24), in der gerade ein anderer Pleite gemacht hat.

Während die Frau des Manz sich wohlgemut auf den Weg in ihr neues Heim macht, ist ihr Mann voll „schlimmer Ahnung und voll Ingrimm“ (S. 21). Als sie das Dorf verlassen, blickt Marti, den Manz als den „alleinigen Urheber seines Unglücks“ betrachtet, dem Zug seines verhaßten Nachbarn „voll Hohn und Schadenfreude“ (S. 21) nach. In Seldwyla angelangt, werden Manz und seine Familie von den neuen Nachbarn mit „mitleidig spöttischen“ (S. 22) Blicken empfangen.

Der Erzähler läßt den Leser wissen, daß der Abstieg der Familie unaufhaltsam weitergehen wird:

> „So war der Anfang und so ging es auch fort." (S. 22)

Schlechter Anfang in Seldwyla

Zu Anfang kommen einige Gäste aus Neugier in die Schenke. Manz versieht seine Arbeit „unfreundlich und melancholisch", während seine Frau sich bemüht, die Kundschaft anzulocken und zu halten. Sie bietet dabei einen eher tragikomischen Anblick. Die dicke Alte glaubt sich „unwiderstehlich" (S. 22) in ihrem grünseidenen Spenser, der nicht zu dem bäuerlichen ungefärbten Leinenrock und dem „schlimmen weißen Halskragen" passen will. Ihr schütteres Haar hat sie über den Schläfen zu „possierlichen Schnecken" (S. 23) aufgerollt.

> „So schwänzelte und tänzelte sie mit angestrengter Anmut herum, spitzte lächerlich das Maul, daß es süß aussehen sollte ..." (S. 23)

und redet dumm daher, in dem unsinnigen Glauben, ihrer Kundschaft zu gefallen, die sich in Wirklichkeit nur einen Spaß daraus macht. Erbost über das affektierte Getue seiner Frau beschimpft Manz seine Frau als „alte Kuh". Doch sie erwidert ihm, daß sie auf diese Weise vornehmere Gäste anlocken werde. Sie erkennt nicht, daß es unsinnig ist, in einer derart erbärmlichen Schenke vornehme Kundschaft zu erwarten. Manz teilt nicht die Hoffnungen seiner Frau, sondern wird trübsinnig, da er die „freie Weite der Felder" (S. 23) vermißt. Die Familie verarmt schließlich so sehr, daß sie nicht einmal mehr genug zu essen hat.

Familie des Manz gerät in äußerste Not

> „Als die Frau die traurigen Erfahrungen machte, zog sie den grünen Spenser wieder aus und nahm abermals eine Veränderung vor" (S. 24).

Die extreme Not nimmt ihr jegliche Illusion.

> „Sie tat jetzt alles, da sie alt war, was besser gedient hätte, wenn sie es früher geübt" (S. 24).

Fischen unter den Armen am Fluß

Um wenigstens etwas zu Essen zu bekommen, zieht Manz mit seinem Sohn aus zum Fischen an den Fluß, wo bereits all diejenigen versammelt sind, die in der Stadt Bankrott gemacht haben. „Gleich einer Galerie von Heiligen- oder Prophetenbildern" (S. 25) stehen sie am Ufer, im Bürgerrock, im Schlaf-

rock oder faselnackt. Je weiter man flußabwärts geht, desto ärmlicher sehen die Gestalten aus. Von der Gesellschaft werden diese Menschen nicht beachtet. Sie sind Ausgeschlossene.
Auch Manz ist nun in seiner sozialen Stellung so tief gesunken, daß er sich unter diesen „wunderlichen Heiligen“ (S. 25) wiederfindet. Bemüht, von diesen nicht bemerkt zu werden, eilt er voll Scham hinter ihnen vorüber den Fluß hinauf,

> „gleich einem eigensinnigen Schatten der Unterwelt, der sich zu seiner Verdammnis ein bequemes einsames Plätzchen sucht an den dunklen Wässern“ (S. 25).

Auch Marti geht zum Fischen an den Fluß, statt sich um seinen Acker zu kümmern. Vrenchen ist genötigt, selbst die notwendigste Hausarbeit liegenzulassen, um ihren Vater zu begleiten. Marti hat inzwischen den größten Teil seines Besitzes verloren, abgesehen von wenigen Äckern, die er mit Vrenchen „liederlich genug oder gar nicht bebaute“ (S. 26). Durch ihr Besitzdenken und ihre Besitzgier, die sie zu dem Landraub verführte, haben die Bauern ihren Besitz nun völlig oder fast ganz verloren.
Es kommt zum Höhepunkt des Konfliktes zwischen Manz und Marti, als sich die beiden in Begleitung ihrer Kinder eines Abends an einem „reißenden“ Bach begegnen. Sogleich beginnen sie sich haßerfüllt aufs Übelste zu beschimpfen. Als Marti Manz einen „Seldwyler Lumpenhund“ (S. 26) nennt, prophezeit dieser ihm, daß auch er in der Stadt enden werde. Wie schon zuvor, so beschuldigen sie auch jetzt den anderen, für das eigene Unglück verantwortlich zu sein. Marti ist besonders wütend, da er irrigerweise annimmt, daß es seinem Widersacher in der Stadt besser ergeht, als ihm auf seinem „zertrümmerten Hof“ (S. 27).
Die Männer gebärden sich in ihrem Streit immer ungestümer, und auch die Natur ist wild und aufgewühlt. Der Wind und das Rauschen des Baches werden stärker, so daß die Bauern ihre Stimmen immer lauter erheben müssen. Während sie an den gegenüberliegenden Ufern entlang laufen und sich über den Bach hinweg beschimpfen, hat Sali nur Augen

Zusammenstoß von Manz und Marti am Fluß

für Vrenchen und sieht „neugierig und verwundert" (S. 27) zu ihr hinüber. Das Mädchen blickt verschämt zu Boden, denn sie glaubt, er verachte sie.

Unwetter

Die Väter eilen inzwischen auf einen Steg zu, der über den Bach führt. Es regnet heftig, und Blitze erleuchten „die dunkle melancholische Wassergegend" (S. 27). Die Natur ist nun in einem ebenso wilden Aufruhr wie die „verwilderten Männer" (S. 27), die nun auf die Brücke stürmen und erbittert miteinander kämpfen.

Kommentar des Erzählers

An dieser Stelle unterbricht der Erzähler seinen Bericht und kommentiert das Geschehen, dessen besondere Tragik er hervorhebt: zwei alte Menschen, die lange Zeit Freunde waren, erheben nun aus

> „innigster Feindschaft und aus dem Gange einer ganzen Lebensgeschichte heraus" (S. 28)

die Hand gegeneinander, während sie sich früher nur berührt hatten, um einander in Freundschaft die Hand zu geben, und auch das nur selten bei „ihrem trockenen und sichern Wesen" (S. 28), von dem nichts mehr zu spüren ist. Der Erzähler bezeichnet den Auftritt der beiden als „erbärmlich" (S. 28) und bringt damit zugleich sein Mitleid und seine Verachtung zum Ausdruck.
Nun wird die Schilderung des Geschehens fortgesetzt. Die beiden Männer versuchen, sich gegenseitig in das Wasser zu stoßen. Sali eilt seinem Vater zur Hilfe und will ebenfalls nach Marti greifen, als er Vrenchens „flehenden" (S. 28) Blick bemerkt, den sie ihm zuwirft. Augenblicklich ändert er sein Vorhaben und versucht nun zusammen mit dem Mädchen, die Kampfhähne zu trennen. Bei dem Gerangel auf der schmalen Brücke berühren Sali und Vrenchen einander,

> „und in diesem Augenblick erhellte ein Wolkenriß, der den grellen Abendschein durchließ, das nahe Gesicht des Mädchens, und Sali sah in dies ihm so wohlbekannte und doch so viel anders und schöner gewordene Gesicht. Vrenchen sah in diesem Augenblicke auch sein Erstaunen und es lächelte ganz kurz und geschwind mitten in seinem Schrecken und in seinen Tränen ihn an". (S. 28)

Sali und Vrenchen erkennen ihre Liebe zueinander

In diesem kurzen Blickwechsel erkennen Sali und Vrenchen ihre Liebe füreinander, und wie der grelle Schein unvermittelt durch die dunklen Wolken bricht, dringt nun auch Licht in ihre düstere Welt.

Trennung der Streithähne

Sie können ihre Väter voneinander trennen. Während diese wieder anfangen, sich gegenseitig zu beschimpfen, sind die Kinder „still wie der Tod" (S. 29). Bevor sie sich voneinander abwenden, um ihre Väter fortzuführen, geben sich Sali und Vrenchen kurz die Hand. Die Wolkendecke hat sich inzwischen wieder geschlossen. Auf dem Heimweg ist Sali völlig in Gedanken versunken.

> „Leicht, hell und warm war es ihm innen und außen, und er fühlte sich so reich und wohlgeborgen wie ein Königssohn." (S. 29)

Wirkung der Liebe auf Sali

Die Geborgenheit, die Sali in seinem Heim und seiner Familie nicht mehr findet, gibt ihm von nun an seine Liebe zu Vrenchen. Sie läßt ihn die traurige Wirklichkeit vergessen.

3. Abschnitt (S. 29–42): Die Liebe zwischen Sali und Vrenchen

Das Elend der Eltern und das Glücksgefühl ihres Sohnes

Den darauffolgenden Tag verbringen Manz und seine Frau in ihrer Spelunke mit „müdem, halbtotem" (S. 30) Zanken. Wenn sie zuweilen einschlafen, werden sie von unruhigen Träumen geplagt, „welche aus dem Gewissen kamen". Das Ausmaß ihres nun schon Jahre andauernden Elends kommt ihnen an diesem Tag voll zu Bewußtsein. Sali dagegen fühlt sich,

> „als ob er nicht nur unsäglich reich wäre, sondern auch was Rechts gelernt hätte und unendlich viel Schönes und Gutes wüßte, da er nun so deutlich und bestimmt um das wußte, was er gestern gesehen". (S. 30)

Sali ist mit seinen neuen Empfindungen, die Vrenchen in ihm geweckt hat, derart beschäftigt, daß alle äußere Realität für ihn an Bedeutung verloren hat. Er fühlt sich

> „weder müßig noch unglücklich, weder arm noch hoffnungslos". (S. 30)

Am Nachmittag – die Sonne scheint „hell und warm" – geht Sali

> „seiner alten Heimat zu, welche ihm jetzt erst ein himmlisches Jerusalem zu sein schien mit zwölf glänzenden Pforten". (S. 31)

Begegnung mit dem alten Marti

Auf seinem Weg begegnet er dem alten Marti, der „wild und liederlich" aussieht, „wie ein recht böser verlorener Bauersmann", der auszieht, „andern Übles zuzufügen" (S. 31). Seine äußere Verwahrlosung und Verwilderung – ein Spiegel seiner inneren Verkommenheit – wird nicht zuletzt daran deutlich, daß er seinen Bart schon lange nicht mehr rasiert hat. Zu Beginn der Erzählung war noch auf sein „wohlrasiertes" (S. 3) Gesicht hingewiesen worden. Sali empfindet beim Anblick des Alten weniger Haß, als vielmehr Angst und Scheu,

> „als ob sein Leben in dessen Händen stände". (S. 31)

Daß dem so ist, wird sich bald auf tragische Weise zeigen. Dem Jungen einen grimmigen Blick zuwerfend, verläßt Marti das Dorf. Als Sali ihn davonziehen sieht, wird ihm bewußt, wohin es ihn eigentlich zieht. Darum bemüht, unbemerkt zu bleiben, schleicht sich Sali zum Haus des Marti, das er seit langer Zeit zum ersten Mal wiedersieht. Erstaunt betrachtet er die „Wüstenei" (S. 31). Martis Besitz besteht inzwischen nur noch aus dem Haus, dem kleinen Platz davor, dem Garten und dem Acker auf der Anhöhe am Fluß,

> „von welchem er hartnäckig am längsten nicht lassen wollte". (S. 31)

Der verfallene Hof Martis

Alles ist ebenso verwildert wie Marti selbst. Der Acker ist zu einem „übel gepflegten Gemüseplatz" heruntergekommen, „dazu angelegt, um von der Hand in den Mund zu leben" (S. 32). Er sieht nun genauso aus „wie einst der herrenlose Acker, von dem alles Unglück herkam" (S. 32). Auch der Hof bietet einen traurigen Anblick. Stall und Scheune stehen leer und verfallen da. Das einzige noch vorhandene Arbeitsgerät ist das Angelzeug das „Zeugnis der verkehrten Wasserpfuscherei“ (S. 32). Auch das Haus sieht erbärmlich aus. Die Fenster sind an vielen Stellen zerbrochen und mit Papier verklebt. Aber sie sind frisch geputzt, „ja förmlich poliert“ (S. 32). Die blinkenden Fenster stehen in Kontrast zu all dem Verfall und der Ungepflegtheit des Gartens, und zeigen Vrenchens Bemühen, in all dem Elend ein höchstmögliches Maß an Ordnung und Reinlichkeit zu bewahren.

Sali beobachtet aus einiger Entfernung das Haus. Nach einer Weile tritt Vrenchen vor die Tür. Als sie den Jungen sieht, blicken sich die beiden lange an, bevor Sali langsam auf das Mädchen zugeht und sie einander die Hände reichen. Der Junge fragt Vrenchen, ob sie nicht wieder Freunde sein könnten, da sie doch mit der Feindschaft der Eltern und dem, was diese „getan und geworden sind“ (S. 33) nichts zu tun hätten. „Vielleicht“, so meint Sali zu dem weinenden Vrenchen, „können wir das Elend nur gutmachen, wenn wir zwei zusammenhalten und uns recht lieb sind!“ (S. 33/34). Vrenchen blickt weniger hoffnungsvoll in die Zukunft und prophezeit Sali, daß es „nie gut kommen werde“. Um nicht von Marti oder einem Dorfbewohner überrascht zu werden, trennen sich die beiden, nachdem sie sich auf dem Acker verabredet haben. „Halb selig und halb traurig“ (S. 34) scheiden die Verliebten voneinander, und Sali macht sich unverzüglich auf den Weg zum verabredeten Ort. Der Anblick der friedvollen Landschaft, die von der „prächtigen stillen Julisonne“ (S. 34) beschienen wird, erweckt in dem Jungen ein Glücksgefühl, das er schon lange nicht mehr verspürt hat. Kurze Zeit später erscheint Vrenchen. Hand in Hand gehen die beiden mehrmals zum Fluß hinunter und wieder hinauf auf die Anhöhe,

Sali trifft Vrenchen

Vrenchen und Sali verabreden sich am wüsten Acker

Gemeinsamer Spaziergang

> „still, glückselig und ruhig, so daß dieses Paar nun auch einem Sternenbilde glich, welches über die sonnige Rundung der Anhöhe und hinter derselben niederging, wie einst die sicher gehenden Pflugzüge ihrer Väter“. (S. 35)

Der Erzähler erinnert den Leser an dieser Stelle an die idyllische Eingangsszene, in der die Harmonie zwischen den Bauern noch ungestört war. Nun, da die Väter aus ihrer sicheren Bahn geworfen sind, sind es die Kinder, die sich in festen und ruhigen Bahnen wie Gestirne in der Landschaft bewegen und den Eindruck von Harmonie vermitteln. Bezeichnungen der Ruhe, wie sie auf den ersten Seiten der Erzählung zu finden sind, werden hier wiederaufgenommen.

Das Zusammensein der Kinder wird abrupt gestört, als unvermittelt ein „dunkler Stern" (S. 35) vor ihnen auftaucht. Erschrocken stellt Sali fest, daß es der schwarze Geiger ist, der dem Leser aus dem Gespräch zwischen Manz und Marti zu Beginn der Erzählung bekannt ist. Der Erzähler gibt nun eine Beschreibung dieser Gestalt. Wie sein Name schon andeutet, ist alles an ihm schwarz: das Filzhütchen, seine Kleidung, Gesicht, Hände, sein Haar und der unrasierte Bart. Er arbeitet als Kesselflicker, Pechsieder und Kohlenbrenner, und wenn auf den Dörfern Feste gefeiert werden, spielt er den Leuten mit seiner Geige auf.

Der schwarze Geiger kommt

In einen „seltsamen Bann" (S. 35) geschlagen, folgen die Kinder „dem unheimlichen Gesellen unwillkürlich" (S. 35), bis sie an dem „ungerechten Steinhaufen" angelangt sind, der den strittigen Ackerzipfel bedeckt und der mit Mohnblumen und Klatschrosen bedeckt ist, „weshalb der kleine Berg feuerrot aussah" (S. 36). Mit einem jähen Satz springt der Geiger auf den Steinhaufen. Die Kinder bleiben verlegen vor ihm stehen, während er sie „scharf" ansieht und mit lauter Stimme zu ihnen spricht. Er läßt sie wissen, daß er in ihnen die Kinder der Bauern erkennt, die ihm den Acker gestohlen haben und fährt fort:

Die Kinder folgen dem Geiger

Düstere Weissagung

> „Es freut mich zu sehen, wie gut ihr gefahren seid, und werde gewiß noch erleben, daß ihr vor mir den Weg alles Fleisches geht!" (S. 36)

Mit dieser düsteren Weissagung endet zunächst die Wiedergabe seiner Rede und der Erzähler setzt die Beschreibung des schwarzen Geigers fort. Er hat eine aufallende

> „schreckbare Nase, welche wie ein großes Winkelmaß aus dem dürren schwarzen Gesicht ragte"

und unter der

> „ein kleines, rundes Löchelchen von einem Munde sich seltsam stutzte und zusammenzog, aus dem es unaufhörlich pustete, pfiff und zischte“.

Sein Filzhütchen ist „so sonderlich geformt“, daß es

> „alle Augenblicke seine Gestalt zu ändern schien, obgleich es unbeweglich saß“ (S. 36).

Auch seine Augen sind unruhig und bewegen sich in „blitzschnellen Wanderungen“ hin und her. Der Geiger, der sich in auffallender Weise von den anderen bisher in der Erzählung aufgetretenen Figuren unterscheidet, wirkt auf das junge Paar unheimlich und beängstigend.
Der schwarze „Kerl“ (S. 35) setzt seine Rede fort und klärt Sali und Vrenchen über die Schuld ihrer Väter auf. Er klagt Manz und Marti und alle Dorfbewohner an, ihm sein Erbe vorenthalten zu haben, obgleich sie wüßten, wer er sei. Als in der Stadt bekanntgegeben wurde, daß für den Erben des Ackers Geld bereit liege, habe er sich dort gemeldet, sei jedoch, da er weder Tauf- noch Heimatschein besitzt, um seine Identität zu beweisen, abgewiesen worden. Als er Manz und Marti um Beistand gebeten habe, damit sie seine Herkunft bezeugen, hätten diese ihn von ihrem Hof gejagt. Der Geiger beendet seine Rede mit einer weiteren Prophezeiung:

Der Geiger erzählt die Geschichte des wüsten Ackers

> „Ich will euch doch geigen, wenn ihr tanzen wollt!“ (S. 37)

Darauf springt er vom Steinhaufen und verschwindet in Richtung des Dorfes. „Ganz mutlos und betrübt“ lassen sich Sali und Vrenchen auf den Steinen nieder, denn

Der Geiger verschwindet

> „die Erscheinung des Geigers und seine Worte hatten sie aus der glücklichen Vergessenheit gerissen, in welcher sie wie zwei Kinder auf und ab gewandelt, und wie sie nun auf dem harten Grund ihres Elendes saßen, verdunkelte sich das heitere Lebenslicht und ihre Gemüter wurden so schwer wie Steine“. (S. 37)

Doch schon im nächsten Augenblick sind die trüben Gedanken wieder verflogen. Nun, da die Gegenwart des unheimlichen Kerls sie nicht mehr ängstigt, muß Vrenchen über seine merkwürdige Nase lachen, und auch als sie den Grund für ihre Ausgelassenheit schon vergessen hat, lacht sie munter weiter. Alles Elend und die schreckliche Wahrheit, die sie soeben über ihre Väter vernommen haben, sind vergessen.

Abrupter Stimmungswechsel bei Sali und Vrenchen

Sali läßt sich von der Heiterkeit seiner Freundin anstecken, ist aber dennoch verblüfft über ihren abrupten Stimmungswechsel. Vrenchen erklärt ihm, daß sie schon lange gern einmal lustig gewesen wäre, aber daß es keine Freude macht zu lachen, wenn man allein ist. Ihr feuriges und fröhliches Wesen war durch den vielen Kummer unterdrückt worden und tritt nun um so stärker zu Tage.

Nachdem die Kinder einander ihre Zuneigung gestanden haben, ergehen sie sich gemeinsam in Erinnerungen und flüchten vor der düsteren Realität in die heile und lichte Welt ihrer Kindertage. Das inzwischen siebzehnjährige Mädchen und der zwanzigjährige Junge benehmen sich tatsächlich wie die Kinder.

Die alten Kinderspiele werden wieder aufgenommen

Sie albern herum und halten „einfältige“ (S. 38) Reden, die ihnen trotz ihrer „Leerheit beide witzig und süß dünkte“. Bezeichnungen kindlicher Naivität tauchen in diesem Abschnitt besonders häufig auf. Sali ist überglücklich, das

> „schöne Geschöpf vor sich zu sehen, es sein eigen zu wissen, und es dünkte ihn ein Königreich“. (S. 39)

„In seiner Einfalt“ (S. 39) will er die alten Kinderspiele wiederaufleben lassen. Diese Szene stellt eine Wiederaufnahme der Eingangsszene dar, in der die Kinder sich auf dem wilden Acker vergnügten, nur daß sie sich nun nicht mehr als Kinder begegnen, sondern als Liebende. Die Welt um sich herum vergessend halten sie verliebte, naiv-fröhliche Reden und tauschen miteinander Zärtlichkeiten aus. Als Sali aber davon spricht, daß sie einst seine Frau sein werde, schmiegt sich Vrenchen zitternd an ihn, küßt ihn, um gleich darauf in Tränen auszubrechen.

Zärtlichkeiten der Verliebten

> „Beide wurden auf einmal traurig, da ihnen ihre hoffnungsarme Zukunft in den Sinn kam und die Feindschaft der Eltern!“ (S. 40)

Sie sind ohne jede Hoffnung auf Erfüllung ihrer Liebe.

Die Idylle wird jäh zerstört, als Sali und Vrenchen beim Verlassen des Kornfeldes Marti erblicken, der nach seiner Tochter Ausschau hält, denn

> „mit dem kleinlichen Scharfsinn des müßigen Elendes“ (S. 40)

hat er den Grund für Salis Besuch im Dorf erraten. „Wie versteinert“ (S. 41) bleiben die beiden stehen, während der Alte sie finster ansieht. Wutentbrannt stürzt er sich auf den Sohn seines Todfeindes, so daß dieser „entsetzt über den wilden Mann“ zurückspringt. Als der Junge jedoch sieht, daß Marti nun statt seiner das Mädchen prügelt, stürzt er herbei und schlägt dem Mann „halb in Angst und halb im Jähzorn“ einen Stein gegen den Kopf. Bewußtlos sinkt Marti auf dem Steinhaufen nieder. Entsetzt starren Sali und Vrenchen auf den regungslos daliegenden Alten. Das Mädchen legt ihm ein Klatschrosenblatt auf den Mund, um zu sehen, ob ihr Vater noch atmet. Tatsächlich hat er den Schlag überlebt und Vrenchen schickt Sali ins Dorf, um Hilfe zu holen. Er sollte aber nicht zurückkommen und über das Geschehene Stillschweigen bewahren. Tränenüberströmt ruft sie aus:

Marti überrascht sie und schlägt seine Tochter

Sali geht dazwischen und schlägt Marti nieder

> „Es ist aus, es ist ewig aus, wir können nicht zusammenkommen!“ (S. 42)

Salis Tat steht zwischen den Liebenden

Mit diesen Worten stößt sie ihn von sich, und Sali macht sich „willenlos“ auf den Weg ins Dorf. Unterwegs trifft er einen Jungen, dem er den Auftrag gibt, Hilfe herbeizuholen. Die ganze Nacht irrt er verzweifelt umher. Am nächsten Morgen erfährt er, daß Marti noch lebt, aber das Gedächtnis verloren hat und daher nicht mehr weiß, was geschehen ist. Darauf kehrt Sali in das „dunkle Elend“ seines Elternhauses zurück.

Der alte Marti weiß von nichts

4. Abschnitt (S. 42–55): Aufbruch in die Heimatlosigkeit

Vrenchen pflegt ihren Vater

Niemand weiß, was mit Marti geschehen ist, und so nimmt alle Welt an, er sei betrunken gewesen und gestürzt. Aufopfernd pflegt Vrenchen ihren Vater, der sich zwar gut erholt, aber durch den Schlag blödsinnig geworden ist. Er treibt allerlei Unfug, schneidet Grimassen und

> „zog sich die schwarzwollene Zipfelmütze in die Augen und über die Nase herunter, daß diese aussah wie ein Sarg unter einem Bahrtuch". (S. 43)

Die Verrücktheit des Alten macht dem Mädchen noch mehr Angst als seine frühere Bösartigkeit, doch zuweilen gebärdet er sich derart närrisch, daß Vrenchen trotz der tragischen Situation, in der es sich befindet, lachen muß,

> „da sein unterdrücktes Wesen immer zur Lust aufzuspringen bereit war, wie ein gespannter Bogen, worauf dann eine um so tiefere Betrübnis erfolgte". (S. 43)

Der Hof wird verkauft, Marti kommt ins Irrenhaus

Der wenige Besitz, der Marti noch geblieben ist – das Haus und der Acker auf der Anhöhe – wird nun gerichtlich verkauft. Der Bauer, der bereits die beiden Äcker von Manz gekauft hat, nützt Martis Elend und seinen geistigen Zustand schamlos aus und führt den Prozeß um den strittigen Ackerzipfel erfolgreich zu Ende. Marti und seine Tochter stehen nun vor dem völligen Ruin. Der Alte ist schließlich endgültig zugrunde gerichtet, als er von der Gemeinde in ein Irrenhaus eingewiesen wird. Vrenchen begleitet ihren Vater

> „auf diesem letzten Gange zu dem lebendigen Begräbnis". (S. 44)

So wie Sali einst die Puppe mit dem Stein schlug und ihren Kopf mit der darin eingeschlossenen Fliege – also mit „etwas Geformten und Belebten" (S. 9) – begrub, wird nun durch seine Schuld der Alte lebendig begraben. In seinem Wahnsinn begreift Marti gar nicht, was mit ihm geschieht. Glücklich über sein neues Heim und seine neuen

Gefährten begrüßt er diese mit drolligen Reden. Wie schon in der Beschreibung der Frau des Manz, so ist auch in dieser Figur Tragisches und Komisches miteinander vermischt.

Mischung aus tragischen und komischen Elementen

Vrenchen, das nun ganz auf sich gestellt ist, kehrt in sein Elternhaus zurück, das es in zwei Tagen verlassen muß. Traurig und voller Sehnsucht denkt es an Sali, als plötzlich sein junger Gefährte in der Tür steht. Erschrocken bemerken beide, wie elend der andere aussieht. „Alles vergessend“ (S. 45) zieht Vrenchen ihren Freund zu sich auf den Herd. Sali berichtet ihr, wie es bei ihm zu Hause zugeht. Sein Vater, der sich über die Nachricht von Martis Geisteszustand „wie ein kleines Kind“ gefreut habe, sei unter die Hehler gegangen und gebe sich nur noch mit Gesindel ab. Daher sei die Spelunke einstweilen gut besucht, „bis es ein Ende mit Schrecken nimmt“. Aus „bitterlicher Gier“ nehme die Alte alles hin und bemühe sich, das Beste daraus zu machen. Manz und Marti sind nun völlig am Ende. Sozial stehen sie noch niedriger als der schwarze Geiger. Sie sind endgültig aus der bürgerlichen Gesellschaft ausgeschlossen.

Sali kommt zu Vrenchen

Die Liebenden berichten einander vom Elend ihrer Väter

Als Sali seinen Bericht beendet hat, redet sich Vrenchen ihren Kummer von der Seele, doch so,

> „als ob sie ein großes Glück beschriebe“ (S. 45),

denn sie ist glücklich, Sali bei sich zu haben. Als Sali auf ihrer beider Zukunft zu sprechen kommt, erwidert Vrenchen, daß es wohl fortgehen müsse, um sich irgendwo als Dienstmagd zu verdingen und sie fährt fort:

Gespräch über die Zukunft

> „Ich werde es aber nicht aushalten ohne dich, und doch kann ich dich nie bekommen, auch wenn alles andere nicht wäre, bloß weil du meinen Vater geschlagen und um den Verstand gebracht hast! Dies würde immer ein schlechter Grundstein unserer Ehe sein und wir beide nie sorglos werden, nie!“ (S. 45/46)

In ihren Augen ist ihnen durch Salis schreckliche Tat eine gemeinsame Zukunft endgültig verwehrt. Trotz der Ausweglosigkeit ihrer Lage schrecken sie jedoch vor dem Gedanken zurück, sich zu trennen

Keine gemeinsame Zukunft möglich

und allein in die Welt zu ziehen, Sali gibt seiner Freundin zu verstehen, daß er nicht ohne sie fortgehen könne, und fährt fort:

> „Ich glaube, das Elend macht meine Liebe zu dir stärker und schmerzhafter, so daß es um Leben und Tod geht! Ich habe von dergleichen keine Ahnung gehabt!“ (S. 46)

Gedanken an den Tod, Träume von der Hochzeit

Zum erstenmal ist zwischen Sali und Vrenchen vom Tod die Rede. Wie bedeutungsvoll Salis Äußerung ist, wird sich im weiteren Verlauf der Erzählung erweisen. Das Glück, sich geliebt zu wissen, verdrängt jedoch alle düsteren Gedanken. Schweigend geben sie sich der „glückseligen Empfindung“ hin und schlafen langsam ein. Als Sali das Mädchen mit einem Kuß aus dem Schlaf holt, erzählt es ihm den Traum, aus dem er es gerissen hat. Sie träumte, daß sie mit ihm auf ihrer beider Hochzeit tanzte und alles wäre gut und schön.

> „Da wollten wir uns küssen und dürsteten darnach, aber immer zog uns etwas auseinander, und nun bist du es selbst gewesen, der uns gestört und gehindert hat.“ (S. 46)

So wie Sali durch den Kuß ihrer beider Vereinigung in Vrenchens Traum verhindert hat, macht er durch seinen Angriff auf Marti eine gemeinsame Zukunft auch in der Realität unmöglich. Auch Sali hatte einen Traum, den er seiner Freundin nun erzählt: sie gingen auf einer langen Straße durch einen Wald. Er sah Vrenchen in der Ferne vor sich hergehen. Manchmal drehte sie sich um, um ihm zuzuwinken, und dann fühlte er sich „wie im Himmel“. Auch in diesem Traum sind Sali und Vrenchen nicht vereint, sondern räumlich voneinander getrennt. Beide Träume deuten symbolhaft darauf hin, daß die Kinder in dieser Welt auf Dauer nicht zusammenkommen werden. Die beiden gehen schließlich vor das Haus, und

Symbolfunktion der Träume

> „die frische Morgenluft, der tauige stille Frieden, der über der Gegend lag, das junge Morgenrot machten sie fröhlich und selbstvergessen und besonders in Vrenchen schien ein freundlicher Geist der Sorglosigkeit gefahren zu sein“. (S. 47)

Mehr noch als Sali ist das Mädchen bereit, die bedrückende Realität aus ihrem Bewußtsein zu verdrängen und ihrer unbekümmerten Lebenslust und Leidenschaft freien Lauf zu lassen. Bevor sie das Haus verlassen muß, will sie einmal mit Sali tanzen gehen und fröhlich sein. Sie möchte mit ihm eines der Kirchweihfeste besuchen, die in zwei nahegelegenen Dörfern am Sonntag stattfinden sollen, und wo sie niemand kennt. Als sie traurig feststellt, daß daraus wohl nichts werde, weil sie kein Geld haben, verspricht Sali ihr, welches zu beschaffen. Erschrocken möchte sie von ihm wissen, ob er etwas von dem Gestohlenen seines Vaters nehmen wolle. An dieser Reaktion wird deutlich, daß Vrenchen nicht moralisch verwildert ist wie die Alten, sondern immer noch ein intaktes Unrechtsbewußtsein besitzt. Beruhigend erklärt Sali ihr, daß er seine Uhr verkaufen wolle. Vrenchen ist damit einverstanden,

Sie wollen Tanzen gehen

> „denn ich glaube, ich müßte sterben, wenn ich nicht morgen mit dir tanzen könnte". (S. 47)

Erneuter Gedanke an den Tod

Vrenchen benutzt das Wort ‚sterben' wohl vor allem, um der Stärke ihres Wunsches Ausdruck zu verleihen. Sali nimmt es in seiner Erwiderung wieder auf, allerdings in seiner wörtlichen Bedeutung:

> „Es wäre das beste, wir beide könnten sterben!" (S. 47)

Der Gedanke an den nächsten Tag verscheucht die Zukunftssorgen

Zum ersten Mal wird hier der Gedanke ausgesprochen, daß der Tod der einzige Ausweg aus ihrer hoffnungslosen Situation sein könnte. „Wehmütig und schmerzlich" nehmen sie voneinander Abschied, lachen sich jedoch im nächsten Augenblick fröhlich an, denn der Gedanke an den nächsten Tag läßt sie alle Zukunftssorgen vergessen. Als Sali gerade gehen will, wird er von Vrenchen noch einmal zurückgerufen. Weinend erzählt sie ihm, daß sie keine Schuhe zum Tanzen habe. Sali verspricht ihr ein Paar zu kaufen. Als er an ihrem Fuß Maß genommen hat und noch einmal von Vrenchen leidenschaftlich umarmt worden ist, macht er sich endlich auf den Weg in die Stadt. Voll Ungeduld erwartet er den Sonntag,

> „denn wenn das Übermorgen auch um so dunkler und unbekannter hereinragte, so gewann die ersehnte Lustbarkeit von morgen nur einen seltsamern erhöhten Glanz und Schein". (S. 48/49)

Sali im Sonntagsstaat

Nachdem er seine Uhr verkauft und die Schuhe besorgt hat, geht er nach Hause. Am nächsten Morgen zieht er seinen „dürftigen Sonntagsstaat" an. Seine Mutter sieht ihn erstaunt an, da er so „sorgsam" gekleidet ist. Während Manz mißmutig auf das merkwürdige Verhalten seines Sohnes reagiert, ist seine Frau froh darüber, daß Sali ausgehen will, wo er doch so elend aussehe. Als Manz ihm einen Gulden geben will, weist Sali das Geld zurück. Durch die Zurückweisung des nicht ehrlich verdienten Geldes wird sichtbar, daß Sali ebenso wie Vrenchen sein Gefühl für Recht und Unrecht nicht eingebüßt hat. Das Geschenk der Mutter, die nicht weiß, „warum sie heute ihres Sohnes wegen so wehmütig und gerührt" ist, nimmt Sali jedoch an. Es ist ein rotumrändertes schwarzes Halstuch, das er sich sogleich umbindet;

> „auch stellte er zum ersten Mal den Hemdkragen, den er sonst immer umgeschlagen, ehrbar und männlich in die Höhe, bis über die Ohren hinauf, in einer Anwandlung männlichen Stolzes . . ." (49/50)

Abschied für immer

Als Sali das Haus verläßt, „drängte ihn ein seltsames Gefühl, Vater und Mutter die Hand zu geben", und als er schon auf dem Weg ist, sieht er sich noch einmal nach dem Gasthaus um, als ahne er, daß es ein Abschied für immer ist. Während sich Manz und seine Frau zu Hause über das auffällige Gebaren ihres Sohnes zanken, geht Sali direkt zu Vrenchens Haus. Das Mädchen ist bereits fertig geschmückt, als er die Stube betritt. Es trägt nur ein einfaches Kleid,

Vrenchen im Sonntagsputz

> „aber dasselbe war frisch und sauber und saß ihm sehr gut um den schlanken Leib". (S. 50)

Dazu trägt es ein „schneeweißes Musselintuch". Wie schon das Haus von Vrenchen so gut wie möglich sauber und ordentlich gehalten wurde, so sind auch die Kleider des Mädchens trotz ihrer Ärmlichkeit

sauber und gepflegt. Sie kleidet sich wie eine ehrbare Bauerntochter, auch wenn es ihrem sozialen Stand nicht mehr entspricht.
Bevor Sali und Vrenchen das leere Haus verlassen, können, müssen sie noch auf eine Nachbarin warten, die das letzte Möbelstück, Vrenchens Bett, abholen soll, und der das Mädchen sein Bündel mit dem Wenigen, das es noch besitzt, zur Aufbewahrung geben will. Die Frau erscheint auch bald in Begleitung eines Knechts und ist erstaunt, als sie Vrenchen herausgeputzt sieht „wie eine Prinzeß“ (S. 52). Ihre Verwunderung wird noch größer, als sie Sali erkennt. In offensichtlicher Kenntnis der Feindschaft zwischen den Familien des Manz und des Marti bemerkt sie:

Die letzten Möbel werden abgeholt

> „Berg und Tal kommen nicht zusammen, sagt man, aber die Leute!“ (S. 52)

Und sie fährt fort, indem sie Vrenchen warnt, sie solle bedenken, wie es ihren und Salis Eltern ergangen sei. „Freundlich mitteilsam, ja beinahe herablassend“ erzählt Vrenchen der Frau ein Lügenmärchen, in dem sie das Idealbild eines wohlgeordneten, hochanständigen bürgerlichen Lebens entwirft: Sali sei ihr Bräutigam und schon bald werde Hochzeit gefeiert. Er habe viel Geld in der Lotterie gewonnen, und sie wollten nun nach Seldwyla ziehen, wo Sali bereis ein Haus gekauft habe. Die Bäuerin mag das alles zunächst nicht glauben, aber als Vrenchen ihr verspricht, daß sie ihr allerlei Wohltaten erweisen werde, bekommt diese ein „lüsternes Gesicht und der Mund wässerte ihr“. (S. 53) Bei dem Gedanken, von dem Glück der jungen Leute profitieren zu können, vergißt sie ihre anfänglichen Warnungen und ist nun voll des Lobes für Vrenchen. An dem Lügenmärchen wird deutlich, daß Vrenchen eine von bürgerlichen Werten geprägte Vorstellung von Lebensglück hat. Nachdem es seinen Traum von einem Leben als „wohlhabende Stadtfrau“ (S. 54) so überzeugend ausgemalt hat, gibt es der Bäuerin sein Bündel, in das es sein „Plunder und Habseliges“ (S. 54) getan hat, worauf diese loszieht, und hintendrein ihr Knecht, der „wie ein zweiter Simon“ (S. 55) die Säulen des Bettes ergreift und

Vrenchen flunkert der Bäuerin etwas vor

Daraufhin Sinneswandel der Bäuerin

seinen Kopf gegen den „mit verblichenen Sternen bedeckten Himmel“ stemmt, so daß das Bett wie ein „wandelnder Tempel“ aussieht.
Nachdem Vrenchen und Sali die Tür verschlossen haben, ziehen die beiden los. Es ist ihr endgültiger Aufbruch in die Heimatlosigkeit. Sie besitzen kein Zuhause mehr, Vrenchen, weil sie nun kein Dach mehr über dem Kopf hat und Sali, weil die verkommene Schenke kein Ort ist, der ihm ein Heim sein könnte.

Aufbruch in die Heimatlosigkeit

Als sie sich von dem Haus entfernen, wird das Mädchen bleich und bedeckt ihre Augen. Für einen kurzen Augenblick ist sie aus ihrer Selbstvergessenheit erwacht und ist sich ihrer schrecklichen Lage bewußt. Doch als die beiden dann still nebeneinander durch die schöne, von der freundlichen Septembersonne beschienenen Landschaft gehen, versinken Sali und Vrenchen wieder in ihrer Traumwelt.

5. Abschnitt (S. 55-77): Hochzeit und Tod

Glücklich zieht das Paar durch die Landschaft, die mit einem „zarten Duftgewebe“ bekleidet ist, wodurch sie „geheimnisvoller und feierlicher“ wirkt (S. 55/56). Die lichte und idyllische Natur, die sie umgibt, spiegelt die feierliche und glückliche Stimmung der jungen Leute, die jeden Gedanken an die traurige und düstere Wirklichkeit verdrängt haben.

Feierliche Stimmung der Liebenden

> „Das liebende Paar vergaß, was am Ende dieses Tages werden sollte, und gab sich einzig der hoch aufatmenden wortlosen Freude hin, sauber gekleidet und frei, wie zwei Glückliche, die sich von Rechts wegen angehören, in den Sonnenschein hineinzuwandeln.“ (S. 56)

Sie geben sich der Illusion hin, frei über ihr Schicksal entscheiden zu können und von der Gesellschaft als rechtmäßig verbundenes Paar akzeptiert zu werden. Während der Leser durch die Andeutung des Erzählers bereits ahnt, wie der Tag für Sali und

Vrenchen enden wird, ist dem jungen Paar noch nicht klar, was am Ende dieses Tages werden soll.
Im nächsten Ort angelangt kehren Sali und Vrenchen in einem „sicheren und freundlichen“ Gasthaus ein. Die Wirtin, „eine artige und saubere Frau“, ist gerade dabei, „gelassen und freundlich“ ihre Kinder zurechtzumachen. Hier ist die kleinbürgerliche Idylle intakt, und Sali und Vrenchen lassen sich von der Atmosphäre bürgerlicher Ordnung und Rechtschaffenheit gefangennehmen. „Glückselig“ tuschelt das Paar miteinander und das „aufblühende“ Mädchen läßt sich die guten Sachen schmecken, die von der Wirtin aufgetragen werden, und erfreut sich an dem Anblick des schönen Geschirrs, das so anders aussieht wie der alte, zerfallende Hausrat, den Vrenchen von ihrem Elternhaus kannte. Die Wirtsfrau hält die Kinder für „rechtliche junge Leutchen, die man anständig bedienen müsse“. (S. 57) Vrenchen ist glücklich, „wenigstens auf Stunden sich an einem stattlichen Ort zu Hause zu träumen“, doch Sali mahnt zum Aufbruch, „als ob sie einen bestimmten und wichtigen Weg zu machen hätten“.

Station in der Welt bürgerlicher Ordnung

Im Gegensatz zum Leser wissen die beiden zu diesem Zeitpunkt noch nicht, daß dieser Weg in den Tod führt. Die Wirtsleute verabschieden das Paar „auf das Wohlwollendste wegen ihres guten Benehmens, trotz der durchscheinenden Dürftigkeit, und das arme junge Blut“, wie der Erzähler das Paar mitleidig bezeichnet, nimmt „mit den besten Manieren Abschied“, um „sittig und ehrbar“ seinen Weg fortzusetzen; sie ziehen dahin,

Wissensvorsprung des Lesers

> „in angenehme Träume vertieft, als ob sie nicht aus zank- und elenderfüllten vernichteten Häusern herkämen, sondern guter Leute Kinder wären, welche in lieblicher Hoffnung wandeln“. (S. 57)

Sali und Vrenchen träumen und vergessen ihr Unglück

Bezeichnungen des Träumens und Vergessens tauchen in diesem Abschnitt sehr häufig auf.
Während ihre Väter in Verkennung der Wirklichkeit in der Traumwelt zweier Verdammter leben (vgl. S. 15), verdrängen Sali und Vrenchen die Realität, um sich dem Traum von Liebesglück und einem normalen, wohlgeordneten Leben hinzugeben.

Vorübergehendes Erwachen

Nur für kurze Zeit erwachen die beiden aus ihren „vergeblichen“ (S. 57) Träumen, wie der Erzähler vorausdeutend bemerkt, und lassen die Köpfe hängen, um im nächsten Augenblick wieder in die Welt ihrer Illusionen einzutreten. Während sie so nebeneinander hergehen, belebt sich der Waldweg mit jungen Leuten und schäkernden Pärchen, die die schöne Wildnis genießen. Sali und Vrenchen geben sich der Vorstellung hin, ein Paar wie die anderen zu sein,

> „und wie keine Wolke am reinen Himmel stand, trübte auch keine Sorge in diesen Stunden ihr Gemüt; sie vergaßen, woher sie kamen und wohin sie gingen . . . (S. 58)

Sali verhält sich an diesem Tag

> „nicht wie ein beinahe zwanzigjähriger Landbursche oder der Sohn eines verkommenen Schankwirtes, sondern wie wenn er einige Jahre jünger und sehr wohl erzogen wäre . . .“ (S. 58/59)

Das Verhalten der jungen Leute auf ihrem Weg über die Dörfer wird immer wieder mit Wörtern wie „bescheiden“, „ehrbar“, „fein und ordentlich“ und „sittsam“ beschrieben. Liebevoll betrachtet Sali sein Vrenchen.
Auf den Tod der beiden vorausdeutend, bemerkt der Erzähler an dieser Stelle folgendes:

Liebeserleben auf wenige Stunden zusammengedrängt

> „Denn die armen Leutchen mußten an diesem einen Tage, der ihnen vergönnt war, alle Manieren und Stimmungen der Liebe durchleben und sowohl die verlorenen Tage der zarteren Zeit nachholen als das leidenschaftliche Ende vorausnehmen mit der Hingabe ihres Lebens.“ (S. 59)

Sali und Vrenchen als „Ehrsames Paar“

Sali und Vrenchen erreichen schließlich das nächste Dorf, und da niemand sie dort kennt, „stellten sie ein wohlgefälliges ehrsames Paar vor“. (S. 59) Sie kehren in ein Gasthaus ein, wo sie zu Mittag essen und sich an der sauberen und schön eingerichteten Stube erfreuen. Auch hier werden die beiden mit Wohlwollen empfangen, und die Wirtsfrau plaudert freundlich mit ihnen: sie seien gewiß ein junges Brautpaar, das auf dem Weg zu ihrer Trauung sei. Sie seien „ordentliche Leute“, „hübsch und brav“, die sich nicht zu verstecken bräuchten. Die Kellnerin, die auf das Mädchen eifersüchtig ist, beschwert sich gegenüber der Wirtin darüber, daß das Paar

> „ohne einen Pfennig, ohne Freunde, ohne Aussteuer und ohne Aussicht als auf Armut und Bettelei“ (S. 60)

heiraten will. In den Äußerungen dieser Frau ist wiederum ein Hinweis darauf enthalten, daß Sali und Vrenchen keine Aussicht auf eine gemeinsame Zukunft haben. Ohne es zu ahnen, schätzt die Kellnerin die Situation, in der sich die jungen Leute befinden, richtig ein. Vrenchen genießt an diesem Tag „alle Wonnen einer Braut“. (S. 60) Vor Erregung glüht ihr Gesicht „wie eine rote Nelke“. Wieder wird die Farbe Rot an dem Mädchen hervorgehoben und ist ein Hinweis auf seinen Lebensinstinkt und seine feurige Leidenschaft. Auch Sali ist „ganz kraus im Gemüt“. (S. 60/61) Sie halten sich lange in dem Wirtshaus auf,

Hinweis auf die Aussichtslosigkeit der Situation für die Liebenden

> „wie wenn sie zögerten und sich scheuten, aus der holden Täuschung herauszugehen“. (S. 61)

Vrenchen scheint den Bezug zur Wirklichkeit mehr und mehr zu verlieren. Sie sitzt

> „so züchtig und verschämt da wie eine wirkliche Braut. Halb spielte es aus Schalkheit diese Rolle und aus Lust, zu versuchen, wie es tue, halb war es ihm in der Tat so zumute ...“ (S. 61)

Vor „Bangigkeit und heißer Liebe“ hält es Vrenchen in der Stube nicht länger aus und so brechen die beiden wieder auf. Die Angst, die sich unter Vrenchens Leidenschaft mischt, ist ein Anzeichen dafür, daß unterschwellig das Wissen darum, wie die Dinge wirklich stehen, noch vorhanden ist. Daß sie Sali zum Aufbruch drängt, da sie sich in der Gaststube beengt fühlt, ist ein Versuch, dieses Wissen aus ihrem Bewußtsein zu verdrängen.

Unterschwellige Ahnungen

Als sie im nächsten Dorf ankommen, ist das Kirchweihfest bereits in vollem Gange. Das Paar besieht sich die schönen Dinge, die an dem Ständen feilgeboten werden, und Sali kauft seiner Freundin ein

Auf der Kirchweih

Sali kauft ein Lebkuchenhaus

Lebkuchenhaus, auf dem ein Mann abgebildet ist, der seine Liebste in sein Haus hineinführt. Vrenchen schenkt ihrem Gefährten ein Herz,

> „denn unser Herz ist jetzt unser Haus, darin wir wohnen, und wir tragen so unsere Wohnung mit uns, wie die Schnecken! Anderes haben wir nicht!" (S. 63)

Die Sprüche, mit denen das Backwerk versehen ist, klingen für sie wie hohe Poesie und werden von ihnen tief nachempfunden. Während sie diese „süße, einfache Liebesliteratur" studieren, halten sie ebenso einfache, kindlich-naive Reden. Schließlich kauft ein jeder von ihnen für den anderen einen Ring, wohl, so spekuliert der Erzähler, um sich „diese armen Zeichen" bei ihrer Trennung zu geben.

Ringkauf

Im Gegensatz zum Erzähler und zum Leser wissen Sali und Vrenchen zu diesem Zeitpunkt noch nicht, daß sie sich dazu entschließen werden, gemeinsam Selbstmord zu verüben, statt getrennte Wege zu gehen.
Sali und Vrenchen sind „so vergessen", daß sie nicht bemerken, wie immer mehr Menschen aufmerksam auf sie werden; denn es sind auch Bewohner ihres Heimatdorfes zugegen. Mit einer aus Mitleid, Verachtung und Neid gemischten Verwunderung starren sie auf das

> „wohlgeputzte Paar, welches in andächtiger Innigkeit die Welt um sich her zu vergessen schien". (S. 64)

Das Paar scheint auf eine

> „ganz ungewöhnliche und fast vornehme Weise verliebt und aufgeregt". (S. 64)

Entfremdung zwischen Sali und Vrenchen und den Dorfleuten

In dieser „rückhaltlosen Hingebung und Selbstvergessenheit" erscheinen sie den Menschen fremd, und auch das Paar verspürt ein Gefühl der Entfremdung, als sie endlich aus ihren Träumen erwachen und die gaffenden Leute bemerken. Sie spüren, daß sie in der sozialen Gemeinschaft, zu der sie einst gehörten, zu Außenseitern geworden sind. Da sie nun ihr Vorhaben, miteinander zu tanzen, an diesem Ort nicht mehr ausführen können, will Vrenchen es aufgeben, aber Sali schlägt ihr vor, ins Paradiesgärtchen zu gehen, wo

Aufbruch ins Paradiesgärtchen

> „das arme Volk sich lustig macht, zu dem wir jetzt auch gehören“. (S. 64)

Es folgt nun eine Beschreibung dieses sonderbar anmutenden Wirtshauses, das einst von einem Sonderling als Landhaus erbaut worden war. Das einsam gelegene Haus besteht aus einem Erdgeschoß und einem offenen Dachboden, dessen Dach von vier völlig verwitterten Erzengeln getragen wird. Auf dem Gesims des Daches sind musizierende Engel zu sehen. Die Fresken an den Wänden stellen ebenfalls Engel und singende und tanzende Heilige dar.

> „Aber alles war verwischt und undeutlich wie ein Traum und überdies reichlich mit Weinreben übersponnen, und blaue, reifende Trauben hingen überall in dem Laube.“ (S. 65)

Beschreibung des Wirtshauses

Das Treiben des „Hudelvölkchens“

Das Gebäude ist umgeben von verwilderten Bäumen und wild wachsenden Rosensträuchern. Auf dem Dachboden, der als Tanzsaal dient, wird bereits ausgelassen gefeiert. Tagelöhner, fahrendes Volk und „verlumpte Leute aus Seldwyla“ (S. 66) sind dort versammelt. Als sich das Paar dem merkwürdigen Ort nähert, trägt Vrenchen ihr Lebkuchenhaus „andächtig und wehmütig“ und sie gleicht so

> „einer heiligen Kirchenpatronin auf alten Bildern, welche das Modell eines Domes oder Klosters auf der Hand hält, so sie gestiftet“. (S. 65/66)

Der schwarze Geiger ist da

Als das Mädchen die wilde Musik hört, denkt es nur noch ans Tanzen. Beim ersten Walzer zerdrückt Vrenchen ihr Lebkuchenhaus das Symbol bürgerlichen Lebensglücks, doch als sie sich darüber grämen will, erschrickt sie, als sie plötzlich den schwarzen Geiger ganz in ihrer Nähe erblickt. Er spielt der lustigen Tanzgesellschaft mit seiner Geige auf. Neben ihm steht ein schöner junger Waldhornbläser und ein buckliger Baßgeigenspieler. Auch Sali erschrickt beim Anblick des schwarzen Kerls, der sie nun „auf das freundlichste“ (S. 66) begrüßt und ihnen zuruft:

„Ich habe doch gewußt, daß ich euch noch einmal aufspielen werde!“ (S. 66)

Er bietet Sali ein Glas Wein an, das dieser auch annimmt und spricht dem verängstigten Vrenchen freundlich zu. Als die Kinder durch die freundliche Ansprache des Geigers ihren Schrecken überwunden haben, sind sie doch froh, einen Bekannten gefunden zu haben und „gewissermaßen unter dem besonderen Schutze des Geigers zu stehen“. „Sich und die Welt vergessend“ tanzen sie unentwegt auf diesem rauschhaften Fest. Als die Nacht hereinbricht, brechen die meisten Gäste auf; nur das heimatlose Hudelvölkchen bleibt zurück. Unter den „fremdartig“ (S. 67) aussehenden Bekannten des schwarzen Geigers fällt ein junger Mann auf, der eine grüne Jacke trägt und einen alten Hut, der mit einem Kranz aus Vogelbeerbüscheln geschmückt ist. Die „wilde Person“, mit der er ausgelassen tanzt, trägt einen roten Rock mit weißen Tupfen. Noch ein anderes Mädchen fällt in der fröhlichen Schar auf. Auf dem Kopf trägt es ein Tuch mit roten Streifen, und um den Hals hat es sich eine Kette aus Vogelbeeren gehängt. Auch bei ihr wird also die Farbe Rot besonders hervorgehoben. Sie tanzt allein, wobei sie sich vor dem Waldhornbläser hin und her bewegt, der jedoch jedesmal den Blick abwendet. Als der Mond aufgeht und das Fest beleuchtet, macht er alle vertrauter, und Sali und Vrenchen tanzen auch mit anderen Partnern. Vor leidenschaftlicher Erregung glüht Vrenchen wie eine „Purpurrose“ (S. 68).

Tanz in der Nacht

Als die Musik für eine Weile verstummt, treten die beiden vor das Haus. Vor Erregung zitternd schmiegt sich das Mädchen an ihren Gefährten und sagt weinend:

„Wir können nicht zusammen sein und doch kann ich nicht von dir lassen, nicht einen Augenblick mehr, nicht eine Minute!“ (S. 68)

Sali und Vrenchen können und wollen sich nicht trennen

Sali und Vrenchen lieben einander so leidenschaftlich, daß sie weder bereit noch fähig sind, „eine lange Zeit der Prüfung und Entsagung“ (S. 69) auf sich zu nehmen und zu überstehen, und selbst wenn, so hätten sie dennoch keine Aussicht auf eine gemeinsame Zukunft; Salis Vergehen gegen Marti würde immer zwischen ihnen stehen.

Sali und Vrenchen befinden sich in einem schwerwiegenden Konflikt. Sie sehnen sich nach körperlicher Vereinigung, können sich diese aber nur im Rahmen einer Ehe vorstellen. Eine Eheschließung ist ihnen jedoch aufgrund der Umstände verwehrt.

Salis und Vrenchens Konflikt

> „Sie mochten so gern fröhlich und glücklich sein, aber nur auf einem guten Grund und Boden, und dieser schien ihnen unerreichbar, während ihr wallendes Blut am liebsten gleich zusammengeströmt wäre. (S. 69)

Der schwarze Geiger, der sie plötzlich von hinten anspricht, bietet ihnen seine Hilfe an und rät ihnen, sich ihm und seinen Leuten anzuschließen,

Der Geiger bietet ihnen das Leben mit den Heimatlosen an

> „da braucht ihr keinen Pfarrer, kein Geld, keine Schriften, keine Ehre, kein Bett, nichts als euren guten Willen“! (S. 70)

Sie könnten sich gleich hier vermählen und bei seinen Freunden bleiben,

> „dann seid ihr alle Sorgen los und habt euch für immer und ewiglich, solange es euch gefällt wenigstens“. (S. 70)

Als die beiden wieder allein sind, gesteht Vrenchen ihrem Freund, daß sie nicht mit den Heimatlosen leben will, „denn da geht es auch nicht nach meinem Sinne zu“. Der Waldhornbläser und das Mädchen, das immer allein tanzt, seien auch ein Paar gewesen, bis dieses seinem Freund untreu geworden sei. Um Buße zu tun tanze es ohne Partner, doch nur, um ihren Liebsten zu verspotten. Wo es so ehrlos zugeht, will Vrenchen nicht bleiben. Doch auch wenn ihr sittliches Bewußtsein noch wach ist, gewinnt die Leidenschaft in Vrenchen immer mehr die Oberhand. „Wild und unbezwinglich“ loht ihr „das Brautwesen im Blute“. (S. 71)

Sali und Vrenchen kehren zurück in die Gaststube. Der Geiger nötigt das Paar an seinen Tisch und sie „flüchteten sich vor sich selbst an denselben hin“. (S. 71) Der traurige Waldhornbläser und sein Mädchen haben sich inzwischen wieder versöhnt. Die

„Spaßhafte“ Ehezeremonie des Geigers für Sali und Vrenchen

Stimmung in der Stube ist ausgelassen; es wird Wein getrunken und musiziert. In einer „spaßhaften Zeremonie“ vollzieht der Geiger an Sali und Vrenchen eine Trauung und „sie ließen es geschehen“. Wie schon bei ihrer ersten Begegnung auf dem Acker, so stehen die Kinder auch jetzt willenlos unter dem Bann des schwarzen Kerls. Unter dem Einfluß des Weines wird die Gesellschaft immer wilder, und schließlich brechen alle auf, um das „Brautpaar“ (S. 72) zu ihrem Dorf zu geleiten. Der Schwarze führt den Zug an und spielt „wie besessen“ auf seiner Geige. "Die ratlosen Verlassenen“ lassen alles mit sich geschehen. Schließlich erreichen sie das Heimatdorf der Kinder. Als sie an ihren „verlorenen Vaterhäusern“ vorbeikommen, werden Sali und Vrenchen von einer „schmerzhaft wilden Laune“ ergriffen. Selbstvergessen tanzen sie lachend und weinend hinter dem Geiger her, bis sie schließlich die Anhöhe mit dem „Unglücksfeld“ (S. 14) erreicht haben. Das Spiel des Geigers ist noch wilder geworden. „Wie ein Gespenst“ springt er herum und auch seine Freunde gebärden sich wild,

Ausgelassener Zug zum wüsten Acker

„so daß es ein wahrer Blocksberg war“. (S. 72)

Plötzlich hält Sali Vrenchen zurück, „denn er war zuerst zu sich gekommen“. Er gibt dem Mädchen, das sich „ganz vergessen hatte und laut sang“ einen Kuß, um es zum Schweigen zu bringen. Sie bleiben still stehen, während der ausgelassene Zug lärmend weiterdrängt und schließlich ihren Blicken entschwindet. Als es still um sie geworden ist, bemerkt Sali zu Vrenchen:

„Diesen sind wir entflohen, ... aber wie entfliehen wir uns selbst? Wie meiden wir uns?“ (S. 73)

Sali und Vrenchen sind allein

Ringtausch

Vrenchen fällt plötzlich der Ring ein, den sie auf dem Jahrmarkt gekauft hat. Sie stecken sich gegenseitig die Ringe an die Finger, und Vrenchen bittet Sali, für einen kurzen Augenblick so zu tun, als seien sie Mann und Frau. Die Heiratsfrage ist in Sali nicht

„so leidenschaftlich lebendig als ein bestimmtes Entweder–Oder, als ein unmittelbares Sein oder Nichtsein, wie in Vrenchen, welche nur das eine zu

> fühlen fähig war und mit leidenschaftlicher Entschiedenheit unmittelbar Tod und Leben darin sah. Aber jetzt ging ihm endlich ein Licht auf und das weibliche Gefühl des jungen Mädchens ward in ihm auf der Stelle zu einem wilden und heißen Verlangen und eine glühende Klarheit erhellte ihm die Sinne“. (S. 74)

Hatte Sali zuvor noch davon gesprochen, daß sie sich trennen müßten und daß es Vrenchen „noch auf allen Wegen gutgehen“ (S. 73) könne, so verwirft er nun diesen Gedanken und läßt sich von Vrenchens Unbedingtheit anstecken. Stürmisch liebkost er das Mädchen. Vrenchen bemerkt die Veränderung in Salis Verhalten. Während sie sich küssen, halten ihre beringten Hände einander fest, „wie von selbst eine Trauung vollziehend“. (S. 74)

Sie wollen „Hochzeit halten“

Die Spotttrauung des Geigers ist damit aufgehoben und durch eine vor ihrem Gewissen gültige ersetzt. Sali faßt nun in Worte, was beide unbewußt für sich schon entschieden hatten:

> „wir halten Hochzeit zu dieser Stunde und gehen dann aus der Welt.“ (S. 74)

Vrenchen gesteht ihm, daß auch sie diesen Entschluß schon lange gefaßt habe. Sie eilen zum Fluß hinunter und

> „ihre Leidenschaft sah jetzt nur den Rausch der Seligkeit, der in ihrer Vereinigung lag, und der ganze Wert und Inhalt des übrigen Lebens drängte sich in diesem zusammen“. (S. 75)

Ein Schiff als Brautbett

Als Brautbett dient ihnen ein mit Heu beladenes Schiff, das am Ufer liegt. „In wilder Laune“ bindet Sali es los. Während die beiden Hochzeit halten, treibt das Schiff den Fluß hinunter durch die still daliegende Landschaft. Als es sich am Morgen der Stadt nähert, gleiten Sali und Vrenchen einander umarmend ins Wasser. Als man ihre Leichen findet, steht in der Zeitung zu lesen, daß es sich bei den Toten um Kinder aus verarmten und verfeindeten Familien handelt, die das Schiff gestohlen hätten,

> „um darauf ihre verzweifelte und gottverlassene Hochzeit zu halten, abermals ein Zeichen von der

um sich greifenden Entsittlichung und Verwilderung der Leidenschaften". (S. 77)

Selbstgerechter Kommentar der Gesellschaft

Selbstgerecht und ohne jegliches Mitleid verurteilt die Gesellschaft die Handlungsweise der jungen Leute, ohne sich die Mühe zu machen, die Angelegenheit genauer zu durchleuchten.

Zur Thematik der Novelle

Shakespeares Drama „Romeo and Juliet“

Der Titel der Novelle verweist auf den alten Romeo und Julia-Stoff, dessen bekannteste Bearbeitung die Tragödie des englischen Dramatikers William Shakespeare (1564–1616) ist. In ihr wird die Handlung folgendermaßen gestaltet:

> Romeo und Julia, Kinder zweier verfeindeter vornehmer Veroneser Familien, verlieben sich ineinander. Sie lassen sich heimlich trauen. Als sein Freund Mercutio mit Tybalt, einem Vetter Julias in Streit gerät, versucht Romeo, die beiden zu trennen, gibt dabei jedoch ungewollt Tybalt die Gelegenheit, Mercutio tödlich zu verletzen. Daraufhin tötet Romeo ihn, wird für seine Tat verurteilt und muß die Stadt verlassen. Bruder Lorenzo, der Romeo und Julia getraut hatte, will, sobald sich eine günstige Gelegenheit bietet, die Vermählung öffentlich machen. Julia soll nach dem Willen ihres Vaters den Grafen Paris heiraten. Sie folgt dem Rat Bruder Lorenzos und willigt zum Schein ein. Am Vorabend der Hochzeit soll sie einen Betäubungstrank zu sich nehmen, der sie in einen todesähnlichen Schlaf versetzt. Der Pater will Romeo durch einen Boten von dem Plan in Kenntnis setzen, damit dieser Julia aus dem Grab befreien und mit ihr nach Padua fliehen kann. Der Bote wird jedoch unterwegs festgehalten. So erfährt Romeo statt dessen von dem Tod Julias. Er kehrt nach Verona zurück und vergiftet sich an ihrem Grab. Als Julia erwacht und Romeo tot an ihrer Seite findet, ersticht sie sich. Erschüttert von dem tragischen Schicksal der Kinder, versöhnen sich die beiden Familien.

Unterschiede zwischen Kellers Novelle und Shakespeares Drama

Keller hat von Shakespeare lediglich die tragische Liebesgeschichte übernommen. Er stellt die Geschichte in einem „neuen Gewand“ (S. 3) dar, und setzt völlig neue Schwerpunkte:

1. Während bei Shakespeare die Stadt Verona lediglich als Kulisse dient, spielt bei Keller das soziale Milieu eine große Rolle. Die Handlung spielt sich in einem festen gesellschaftlichen Bezugsrahmen ab,

wie der Titel „Romeo und Julia *auf dem Dorfe*" bereits anzeigt.

2. In der Dramenbearbeitung kommt der gesellschaftlichen Schicht, der die Familien entstammen, für den Ablauf des Geschehens keine Bedeutung zu. Die Handlung beruht vielmehr auf tragischen Zufällen. In der Novelle ist jedoch die Tatsache, daß die Figuren einer bestimmten gesellschaftlichen Gruppe mit einem festen Wertsystem entstammen, für den tragischen Ablauf des Geschehens sehr wichtig. Die Tragödie entspinnt sich nicht aufgrund verhängnisvoller Zufälle, sondern weil die Figuren gegen die gesellschaftlich-sittlichen Normen der sozialen Gemeinschaft verstoßen.

Im Gegensatz zu Shakespeares Drama werden in der Novelle zwei Geschichten erzählt, die aufs engste miteinander verknüpft sind: die der Eltern und die der Kinder. Während in dem literarischen Vorläufer die Feindschaft der Eltern nicht Teil der Handlung ist, dient sie in Kellers Erzählung als Motivation für die tragische Liebesgeschichte der Kinder.

3. Im Gegensatz zu Shakespeares Tragödie dient die Geschichte der beiden Familien bei Keller auch als Exempel für menschliches Fehlverhalten im allgemeinen. In der Novelle werden menschliche Schwächen und gesellschaftliche Mißstände überhaupt bloßgelegt.

Das soziale Milieu

Wertvorstellungen der dörflichen Gemeinschaft

Die Handlung entspinnt sich auf dem Hintergrund einer kleinbürgerlich-bäuerlichen Dorfgemeinschaft mit festgefügten Wertvorstellungen und Normen. Von besonderer Bedeutung ist der Wert des Besitzes. Geachtet ist, wer einen gewissen Wohlstand vorweisen kann. Wer verarmt ist, wie zum Beispiel die am Fluß versammelten Falliten, wird aus der Gemeinschaft ausgeschlossen und nicht mehr beachtet.

Bedeutung von Besitz, Arbeit und Familie

Auch Arbeit und Pflichterfüllung sind wesentliche Werte der dörflichen Gesellschaft. Wer nicht nur

arbeitet, um sich und seine Familie zu ernähren, sondern Arbeit als Wert an sich ansieht, wird als ehrenhaft angesehen. Ehrenhaft ist aber nur, wer bei der Pflege und Mehrung seines Besitzes moralische Normen nicht verletzt. Die Respektabilität eines Mitgliedes der Gemeinschaft ist auch von dem umsichtigen Umgang mit dem Vermögen abhängig. Sparsamkeit wird als Tugend angesehen; wenn jemand seinen Wohlstand durch „lächerlichste Ausgaben“ und „Schlemmen“ (S. 16) verspielt, wird von der Gemeinschaft verachtet. Ein weiterer wesentlicher Wert ist die Familie. Ansehen und Ehre eines Mannes hängen auch davon ab, ob er seine Familie mit Achtung und Zärtlichkeit behandelt.
Die vier Hauptfiguren der Novelle scheitern, weil sie gegen diese Werte verstoßen und sich schuldig machen, wenn auch aus unterschiedlichen Gründen.

Die Geschichte von Manz' und Martis Schuld

Manz und Marti sind vorbildliche Vertreter der bäuerlichen Gesellschaft

Zu Beginn der Erzählung werden Manz und Marti dem Leser als vorbildliche Vertreter der kleinbürgerlich-bäuerlichen Gesellschaft vorgestellt. Sie gehören „zu den besten Bauern des Dorfes“ (S. 11) und stellen die „ursprüngliche Art dieser Gegend dar“ (S. 3/4). Es sind einfache, gewöhnliche Menschen, „geachtet und sicher“ (S. 69), deren Leben sich in ruhigen und sicheren Bahnen vollzieht. Das Ruhende und Geordnete, das in der Beschreibung der Männer von dem Erzähler hervorgehoben wird, zeigt sich auch in der Darstellung der Landschaft und in dem Verhältnis zwischen Mensch und Natur. Die kleine „runde Welt“ (S. 10), auf die der Leser in der Eingangsszene blickt, wirkt idyllisch und wohlgeordnet. Nur der wilde Acker bietet ein Bild der Unordnung und Verwilderung. Er ist der Grund und das Sinnbild für die moralische Verwilderung, die sich in Manz und Marti vollziehen wird. Die Bauern

Der wilde Acker

leben in Einklang mit sich und der Welt. Doch der Schein trügt. Noch gehen sie pflichtbewußt ihrer Arbeit nach, sind wohlwollend im Umgang mit dem Nachbarn und ihren Familien, denn „die sich sicher fühlenden“ (S. 69) Männer sind sich ihrer menschlichen Schwächen und ihrer sittlichen Gefährdung nicht bewußt. Daß ihre Vorstellungen von Ehre und Tugend sehr äußerlich sind, zeigt sich in dem Gespräch, das Manz und Marti in der Mittagspause führen und in dem es um den wüsten Acker und dessen rechtmäßigen Besitzer geht. Beide wissen sehr wohl, daß der schwarze Geiger der rechtmäßige Erbe ist, aber da dieser den aus der Dorfgemeinschaft ausgeschlossenen Heimatlosen angehört, sehen sie keinen Grund, dem Mann zu seinem Recht zu verhelfen. Er würde sein Erbe ja doch nur versaufen. Außerdem, so Manz, hätten sie

Sittliche Gefährdung von Manz und Marti durch ihr Unrecht gegenüber dem Geiger

> „genug zu tun, diesem Geiger das Heimatrecht in unserer Gemeinde abzustreiten, da man uns den Fetzel fortwährend aufhalsen will. Haben sich seine Eltern einmal unter die Heimatlosen begeben, so mag er auch dableiben“. (S. 6)

Die Situation der Heimatlosen

Die Heimatlosen, zu denen der schwarze Geiger gehört, stellten zur Zeit der Entstehung der Novelle ein großes Problem in der Schweiz dar, wo Keller seine Geschichte spielen läßt. Der Name eines jeden Schweizers mußte in ein Bürgerbuch eingetragen sein. Dann besaß er alle politischen Rechte und die Gemeinde kümmerte sich um ihn, wenn er Hilfe brauchte. War dagegen der Name nicht eingetragen, so war man heimatlos, besaß keinerlei Rechte und durfte sich auch nicht in der Gemeinde niederlassen. Man wurde verachtet und aus der politischen und sozialen Gemeinschaft ausgeschlossen. In einem Buch aus dieser Zeit über die Zustände in der Schweiz wird folgendes berichtet:

> Ist man nicht in das Bürgerbuch eingetragen, dann „ist man heimathslos, und hieran knüpft sich in der Schweiz ein trauriger, fürchterlicher Zustand, der zu den größten Abscheulichkeiten schon Anlaß gegeben hat.“ Jeder Schweizer besitzt alle Rechte, „sobald sein Name als Gemeindebürger im Bürgerbuche verzeichnet steht; aber wehe ihm, wenn er zu

> den Parias gehört, die ihre Existenz in der Gemeinde nicht nachweisen können, was durch Unsicherheit der Zeiten, durch Verlust von Papieren, durch heimliche und uneheliche Geburten, durch Betrug und Nachlässigkeiten und manche andere Umstände hergekommen sein kann. Dann ist er heimathslos; die Gemeinde stößt ihn von sich und keine nimmt ihn auf. Wie ein wildes Thier gehetzt, flieht der Ausgestoßene von Ort zu Ort, wandert von Gefängnis zu Gefängnis, wird aus einem Kanton in den anderen transportirt, gemartert, verfolgt, verflucht und überall hülflos gelassen ..." (Theodor Mügge: Die Schweiz und ihre Zustände. Reiseerinnerungen. Bd. 1. Hannover 1847, S. 270–273)

Die Situation des schwarzen Geigers

Eben dieses Schicksal muß der schwarze Geiger erleiden. Auch er wird von Ort zu Ort gejagt. Auch er hat weder Tauf- noch Heimatschein, um seine Herkunft zu beweisen, und so ist die Seldwyler Gemeinde nicht bereit, ihn aufzunehmen, obgleich er dort geboren ist, und jeder es weiß, wie er Sali und Vrenchen in anklagendem Ton berichtet, als er ihnen auf dem wilden Acker begegnet:

> „... eure Väter kennen mich wohl und jedermann in diesem Dorfe weiß, wer ich bin, wenn er nur meine Nase ansieht". (S. 36)

Dennoch wird ihm sein Erbe vorenthalten,

> „und ich bin um den blutigen Pfennig gekommen, mit dem ich hätte auswandern können". (S. 36)

Die Gemeinde verwehrt ihm nicht nur das Heimatrecht; sie nimmt ihm auch die Möglichkeit, auszuwandern und sich in einem anderen Land eine Existenz aufzubauen.

> In der ersten Hälfte und um die Mitte des 19. Jahrhunderts waren viele Menschen in Mitteleuropa gezwungen, ihr Land zu verlassen, sei es, weil sie politisch verfolgt wurden, sei es, weil die sozialen Mißstände ihres Landes sie dazu zwangen.

Mit dem Erlös aus dem Verkauf des Ackers hätte der Geiger es sich leisten können, auszuwandern, denn dazu benötigte man Geld, zum Beispiel für eine

Manz und Marti haben sich an dem Geiger schuldig gemacht

Schiffspassage, wenn das Ziel Amerika war. Da er aber mittellos ist, ist ihm diese letzte Chance zur Verbesserung seiner Lebensumstände genommen. Nicht nur die Gemeinde macht sich schuldig, indem sie den schwarzen Geiger verstößt; auch Manz und Marti setzen sich ins Unrecht, noch bevor sie sich unrechtmäßig fremdes Eigentum aneignen. In dem Gespräch zwischen dem Geiger und Sali und Vrenchen erfährt der Leser, daß der Heimatlose die beiden Bauern um Beistand gebeten hat, jedoch ohne Erfolg:

> „Ich habe eure Väter angefleht, daß sie mir bezeugen möchten, sie müßten mich nach ihrem Gewissen für den rechten Erben halten, aber sie haben mich von ihren Höfen gejagt." (S. 36/37)

Anzeichen moralischer Verwilderung

Das Gewissen der Männer schwieg. Auf diesem Hintergrund wird im nachhinein deutlich, daß ihr Gespräch zu Beginn der Erzählung mehr ist als eine harmlose Plauderei, sondern bereits ein Hinweis auf ihre moralische Verwilderung. Denn Manz bemerkt:

> „... wenn ich den Alten auch in dem dunklen Gesicht vollkommen zu erkennen glaube, so sage ich: irren ist menschlich, und das geringste Fetzchen Papier, ein Stücklein von einem Taufschein würde meinem Gewissen besser tun als zehn sündhafte Gesichter!" (S. 6)

Manz redet von Gewissen, und beide suchen in Wirklichkeit doch nur eine Rechtfertigung für die Unrechtstat, die sie bald darauf begehen werden und die der Grund sein wird für ihren eigenen Untergang. Weder Manz noch Marti besitzen offenbar eine innere Stimme, die ihnen hilft, Recht von Unrecht zu unterscheiden. Statt dessen lassen sie sich von Äußerlichkeiten wie einem Taufschein leiten.

Mißtrauen gegenüber Ungewohntem und Andersartigem

In Manzens und Martis Einstellung gegenüber dem Geiger macht sich das Mißtrauen gegen alles vom Gewohnten und Alltäglichen Abweichende bemerkbar, das diese bäuerliche Gemeinschaft prägt. Sie lehnen den Heimatlosen ab, weil er anders ist als sie.

Äußerliche Werthaltung

Durch ihre von Besitzdenken geleitete Handlungsweise glauben die Männer, ihre Ehre und ihr Ansehen zu mehren, erreichen jedoch das genaue Gegenteil. Manz und Marti setzen Ehre mit Besitz gleich. Sie meinen, daß sie um so ehrenhafter erscheinen würden, je mehr Eigentum sie vorzuweisen hätten. Die beiden scheitern, weil sie nur eine oberflächliche Auffassung von Werten haben und keine verinnerlichten moralisch-sittlichen Vorstellungen. Der Erzähler bezeichnet die Ehre der beiden Bauern als „wunderlich“ (S. 15). Jeder der Männer fühlt sich durch seinen Nachbarn in seiner Ehre gekränkt. Sie befürchten, von den anderen verspottet zu werden, wenn sie sich nachgiebig zeigen und erkennen dabei nicht, daß sie sich gerade wegen ihrer Unnachgiebigkeit in dem Streit um den „unbedeutenden“ (S. 15) Ackerzipfel, dem sie entgegen ihrer Reden viel zu viel Bedeutung beimessen, der Lächerlichkeit preisgeben. Sie lassen sich in ihrem Konflikt von dem „beschränktesten Rechtssinn von der Welt“ (S. 15) leiten und meinen, daß der andere „unrechtmäßig und willkürlich“ (S. 15) den Ackerzipfel an sich bringen will. An dieser Stelle wird die Fragwürdigkeit ihres Rechtssinns besonders deutlich. Es kommt ihnen nicht in den Sinn, daß sie sich in beiderseitigem stummen Einvernehmen „unrechtmäßig und willkürlich“ fremden Besitz aneigneten, als sie Furche um Furche von dem wilden Acker abschnitten. Bei dem gemeinsamen Landraub schwieg ihr Unrechtsbewußtsein. Durch ihren oberflächlichen Ehrbegriff und ihr Besitzdenken verstricken sich die beiden Bauern immer mehr in ihr Unrecht und ihr Unglück, um schließlich das Gegenteil von dem zu erreichen, was sie eigentlich wollten. Sie bedenken nicht, daß Besitz keinen Wert hat, wenn er durch Verletzungen moralischer Normen erlangt wurde. Je tiefer die Männer in materielles Elend abgleiten, desto mehr gewinnen Geld und Besitz für sie an Bedeutung, während gleichzeitig andere Werte für sie eine immer geringere Rolle spielen.

Fragwürdiges Rechtsbewußtsein

Oberflächliches Ehrgefühl

Unmoralisches Verhältnis zum Besitz

> „Je mehr Geld sie verloren, desto sehnsüchtiger wünschten sie welches zu haben, und je weniger sie besaßen, desto hartnäckiger dachten sie reich zu werden und es dem andern vorzutun.“ (S. 16)

Sie steigern sich derart in ihren Ehrgeiz hinein, dem anderen Schaden zuzufügen, daß sie unbewußt sich selbst schaden und in ihrer Persönlichkeit eine Entwicklung durchmachen, die zu moralischer Verwilderung, äußerlicher Verwahrlosung, Armut und sozialer Entwurzelung führt. Dadurch, daß sie die eigentliche Bedeutung sittlich-moralischer Werte und gesellschaftlicher Normen nicht begreifen, verlieren sie alle Attribute, die sie zu ehrenvollen Mitgliedern der Gesellschaft machen würden:

Veränderungen im Wesen der Männer

Arbeit	fleißig (S. 4)	Müßiggänger (S. 19)
charakterliche Eigenschaften	wohlweise Männer (S. 15)	Gedanken „so kurz geschnitten wie Häcksel“ (S. 15)
	ruhig (S. 19)	verwildert (S. 18, 27) wild (S. 31, 41)
	trockenes Wesen (S. 28)	unfreundlich, mürrisch (S. 22), böse (S. 31)
soziales Verhalten	gute Nachbarn (S. 5)	Erbfeinde (S. 17) „kaltblütig“ (S. 12) im Umgang miteinander
	„zufriedenes Wohlwollen“ (S. 5) gegenüber den Kindern	„Rauheit“ (S. 14) gegenüber den Kindern

Vernachlässigung der Arbeit

Ein wesentlicher Aspekt der Veränderung, die sich in Manz und Marti vollzieht, ist die Vernachlässigung der Arbeit. In Gottfried Kellers Novellen wird Arbeit nicht nur als Mittel dargestellt, sich den Lebensunterhalt zu sichern, sondern sie gehört wesentlich zur menschlichen Existenz. Sie ist notwendig zur Selbstwerdung und Reifung des Menschen, für sein inneres Gleichgewicht. Wird die Arbeit als Wert nicht mehr erkannt, verliert der Mensch dieses Gleichgewicht. Immer wieder weist der Erzähler darauf hin, daß Manz und Marti sich nicht mehr um Haus und Hof kümmern, daß von einem „zusammenhängenden und vernunftgemäßen“ (S. 19) Arbeiten nicht mehr die Rede ist. Die Äcker verwildern, Haus und Hof bieten ein Bild der „Verkommenheit“ (S. 32) und des Verfalls. Dies ist zugleich Folge und Sinnbild der inneren Verkommenheit und Verwilderung der beiden Männer, die einst so ruhig waren und sich nun ganz „der Leidenschaft des Streites“ (S. 15) hingeben. Sie stellen nicht mehr die „ursprüngliche Art dieser Gegend“ (S. 3/4) dar. Ihr Haß aufeinander führt dazu, daß von ihrer einstigen Klugheit nur noch „kleinlicher Scharfsinn“ (S. 40) übrig bleibt. Sie sind blind gegenüber der Wirklichkeit und schätzen die Auswirkungen ihrer Handlungen falsch ein. Daß die Männer die Wirklichkeit verkennen, deutet der Erzähler dadurch an, daß er Formulierungen wie „in der Meinung“ und „wie sie meinten“ mehrfach verwendet, so zum Beispiel, als er von Manz und Marti spricht,

Bösartigkeit gegeneinander

> „welche ... sich befehden, in die Luft hauen und sich selber anpacken und vernichten, *in der Meinung*, sie hätten ihr Unglück gefaßt“. (S. 15)

In dem Glauben, sich aus ihrer schrecklichen Lage zu befreien, zerstören sie sich ungewollt selbst. Gegen Ende der Novelle verweist der Erzähler noch einmal auf den ersten Schritt von Manz und Marti, der ihr Schicksal in Gang setzte, diesen „unscheinbaren Mißgriff“, durch den sie ihre einstige Ehre verlieren

> „als sie, eben diese Ehre zu äufnen *wähnend* ... so gedankenlos sich das Gut eines Verschollenen aneigneten, ganz gefahrlos, *wie sie meinten*“. (S. 69)

Blindheit gegenüber der Wirklichkeit

Ihre Habgier macht sie blind für die Gefahr, die sie mit ihrer Tat heraufbeschworen. Auch sehen sie nicht die Veränderung, die sich in ihrem Wesen vollzogen hat. Sie halten sich immer noch für die Menschen, die sie einst waren. Nur Manz wird zuweilen durch den Anblick seines Sohnes an sein ursprüngliches Wesen erinnert, denn dieser

> „war ziemlich genau so, wie sein Vater in diesem Alter gewesen war, und dieses flößte demselben eine unwillkürliche Achtung vor dem Sohne ein, in welchem er mit verwirrtem Gewissen und gepeinigter Erinnerung seine eigene Jugend achtete“. (S. 19)

Falsche Selbsteinschätzung

Die falsche Selbsteinschätzung der Figuren, ihr Unvermögen, die Folgen ihrer Handlungen anzusehen und die Ereignisse realistisch einzuschätzen, sind der Grund für den tragischen Ablauf des Geschehens. Im Gegensatz zum Shakespeareschen Drama ist hier keine Schicksalsmacht am Werk, gegen die der Mensch nichts auszurichten vermag, sondern die Menschen sind selbst verantwortlich für ihr Schicksal, wenn Manz und Marti auch zu Beginn nicht ahnen, was geschehen wird, als sie die erste Furche in den Acker reißen.

Manz und Marti selbst verantwortlich für ihr Schicksal

Auch in dem Verhalten von Manz und Marti gegenüber anderen Menschen ist eine wesentliche Veränderung festzustellen. Nach und nach werden alle sozialen Bindungen zerstört. Zuerst gehen die nachbarschaftlichen Beziehungen zu Bruch. Aus guten Nachbarn werden erbitterte Feinde. Schließlich wird auch die familiäre Harmonie zerstört. Gingen die Männer einst liebevoll mit ihren Kindern um, so schelten und schlagen sie sie nun aus nichtigem Anlaß. Zwischen Manz und seiner Ehefrau herrscht Gezänk. Sie beschimpfen einander als „alte Kuh" und „alter Tolpatsch" (S. 23). Die Frau des Manz ist nicht mehr die „zärtliche" (S. 4) Ehefrau, sondern sie verspottet ihren Mann und hält ihn für „versimpelt" (S. 21). Erst als das Elend am größten ist, zeigt sich die Alte bemüht, ihrem Mann beizustehen und ihn „aufrecht zu halten" (S. 24).

Zerstörung der sozialen Bindungen, Zerfall der Familien

Auch das Verhältnis zur Dorfgemeinschaft ist durch den von Manz und Marti begangenen Landraub und seine Folgen zerstört. Der Diebstahl der Bauern wurde noch stillschweigend toleriert, auch wenn die Dorfbewohner auf Distanz zu Manz und Marti gingen und sie mit „zarter Scheu" (S. 12) behandelten; als sie aber völlig verarmt sind, verlieren sie mit dem Wohlstand auch ihre soziale Stellung und werden von der Gesellschaft geächtet. Die beiden Männer halten sich nun bevorzugt in den Schenken von Seldwyla auf, wo sie von Seldwylern „von der schlechtesten Sorte" (S. 23) umgeben sind, die Manz und Marti verspotten und schamlos ausnutzen. Da das Leben in der Gemeinschaft – ob Nachbarschaft, Familie, Dorf- oder Stadtgemeinschaft – für die Identität des Menschen von ebenso großer Bedeu-

Bedeutung der Gemeinschaft für den Einzelnen

tung wie die Arbeit ist, bedeutet die Zerstörung dieser sozialen Bindungen auch das Scheitern der beiden Familien; denn der einzelne Mensch ist auf die Gemeinschaft angewiesen, die, wenn sie intakt ist, dem Individuum Schutz und Geborgenheit gibt.

Die Geschichte von Sali und Vrenchen

Bedeutung von Salis und Vrenchens Liebe

Sali und Vrenchen verlieben sich in dem Augenblick ineinander, als der Konflikt zwischen Manz und Marti seinen Höhepunkt erreicht hat und die Familien endgültig zugrunde gerichtet sind. Sie finden zusammen aus wahrem echten Gefühl für den anderen, aber auch, weil sie „in sich zugleich das verschwundene Glück des Hauses" (S. 69) sehen. In ihrer Freundschaft finden sie die Wärme und Geborgenheit, die ihnen ihre Eltern nicht mehr geben können. Ihre Liebe läßt sie „Scham und Kummer" (S. 19) über die Eltern und die Zerstörung ihres Heimes vergessen.

Erwachsenwerden

Durch die schrecklichen Ereignisse und durch die neuen Empfindungen, die der Anblick des anderen in ihnen erweckt, und durch die ihnen ihre Sinnlichkeit bewußt wird, werden Sali und Vrenchen erwachsen. Daß sie keine Kinder mehr sind, ist den beiden durchaus bewußt. In der Szene, in der sie ihre alten Kinderspiele wieder aufnehmen, bemerkt das Mädchen:

> „Wie kleine Leute sind wir damals gewesen, und wie lang ist es her!" (S. 38)

Körperliches Begehren

In dieser Szene wird ein wesentlicher Unterschied zur Parallelszene zu Beginn der Erzählung sichtbar. Sali und Vrenchen nehmen zwar ihre alten Spiele wieder auf, aber als Liebende, die einander auch körperlich begehren. Es ist kein kindliches Herumtollen, sondern ein Austauschen zärtlicher Berührungen: Vrenchens

> „junge Brust hob und senkte sich mutwillig unter sämtlichen vier Händen, welche sich kunterbunt darauf streichelten und bekriegten". (S. 38)

Liebe ohne Hoffnung auf Erfüllung

Salis moralische Schuld

Doch ihre Liebe ist ohne Hoffnung auf Erfüllung. Einer gemeinsamen Zukunft steht der Angriff Salis auf Vrenchens Vater entgegen. Seine moralische Schuld würde ihr Gewissen immer belasten. So bemerkt Vrenchen zu Sali, daß sie ihn nie bekommen könne,

> „auch wenn alles andere nicht wäre, bloß weil du meinen Vater geschlagen und um den Verstand gebracht hast! Dies würde immer ein schlechter Grundstein unserer Ehe sein und wir beide nie sorglos werden, nie!“ (S. 45/46)

Salis und Vrenchens soziale Lage

Da sich beide ein Zusammenleben nur in einer „gewissenfreien“ (S. 69) Ehe vorstellen können, ist eine Heirat für sie ausgeschlossen. Aber auch ihre soziale Lage steht einer dauerhaften Vereinigung im Weg. Durch die Schuld der Eltern sind die beiden in tiefe Armut geraten, und haben jegliche Existenzgrundlage verloren. Auch aus diesem Grund können sie keine Ehe miteinander eingehen.

> Bis zur Bundesverfassung 1874 bestanden nämlich in den meisten Kantonen der Schweiz Ehebeschränkungen. Personen, von denen man annahm, daß sie ihre Familien nicht würden ernähren können, wurde das Recht zur Eheschließung von der Gemeinde verweigert.

Die Liebenden stehen außerhalb der Gemeinschaft

Die dörfliche Gemeinschaft steht der Freundschaft der beiden ablehnend gegenüber. Die Begegnung zwischen Sali und Vrenchen und den Dorfbewohnern auf dem Kirchweihfest macht deutlich, daß die jungen Leute nun außerhalb der dörflichen Gemeinschaft stehen. So wie Manz und Marti den Geiger ablehnen, weil er vom Normalen abweicht, so lehnen die Dörfler das junge Paar ab, weil es ihnen in seiner „rückhaltlosen Hingebung“ und in seiner „Verlassenheit und Armut“ (S. 64) fremd vorkommt. Die Bäuerin, die Vrenchens letztes Hab und Gut abholt, drückt diese Einstellung sehr anschaulich aus:

> „Berg und Tal kommen nicht zusammen, sagt man, aber die Leute!“ (S. 60)

Eine ausweglose Situation

Sali und Vrenchen befinden sich in einer ausweglosen Situation. Als Paar haben sie keine Möglichkeit, von der sozialen Gruppe, in der sie einst Geborgenheit fanden, anerkannt und wiederaufgenommen zu werden. Ihre Liebe zueinander ist aber so groß, daß sie nicht willens sind, aufeinander zu verzichten. Sie können nur zusammen bleiben, wenn sie sich unter die Heimatlosen begeben. Es zeigt sich jedoch, daß die beiden unfähig sind außerhalb der kleinbürgerlich-bäuerlichen Gesellschaft zu leben. Sozial stehen sie zwar auf gleicher Stufe wie das Hudelvölkchen; sie tragen jedoch noch das Wertsystem der sozialen Gruppe in sich, in der sie aufgewachsen sind. Der schwarze Geiger will Sali und Vrenchen das Leben, das er führt, schmackhaft machen:

Gebundenheit an die bürgerliche Wertordnung

Die Lebensform der Heimatlosen ist keine Alternative für Sali und Vrenchen

> „da braucht ihr keinen Pfarrer, kein Geld, keine Schriften, keine Ehre, kein Bett, nichts als euren guten Willen! Es ist gar nicht so übel bei uns, gesunde Luft und genug zu essen, wenn man tätig ist; die grünen Wälder sind unser Haus, wo wir uns lieb haben, wie es uns gefällt . . ." (S. 70)

Ein Zusammenleben können sich die beiden aber nur in einer „ehrlichen und gewissenfreien" (S. 69) Ehe vorstellen, in der die Partner einander treu sind, nicht in einer Gesellschaft, in der man sich liebt, wie es einem gefällt und wo Treue nichts gilt. Dies zeigt sich in Vrenchens Reaktion auf das zu den Heimatlosen gehörende Mädchen, das ihrem Freund untreu war und diesen auch noch verspottet. Daß für Vrenchen nur eine bürgerliche Ehe in Frage kommt, zeigt sich auf dem Weg der beiden über die Dörfer. Von der Wirtin des Gasthauses, in das sie unterwegs einkehren, werden sie behandelt, als seien sie ein „ehrsames Pärchen" (S. 59), das auf dem Weg in die Stadt ist, um sich trauen zu lassen. Vrenchen nimmt ihre Zielvorstellung vorweg, die nie Erfüllung finden kann. Sie gibt sich der „holden Täuschung" (S. 61) hin und benimmt sich

Eine bürgerliche Ehe ist für die beiden unerreichbar geworden

> „so züchtig und verschämt wie eine wirkliche Braut. Halb spielte es aus Schalkheit diese Rolle und aus Lust, zu versuchen, wie es tue, halb war es ihm in der Tat so zumut . . ." (S. 61)

Eine körperliche Vereinigung mit Sali ist dem Mädchen nur möglich, wenn sie verheiratet sind. Gegen

Ende der Novelle, als die beiden eine vor ihrem Gewissen gültige Trauung vollziehen, indem sie sich die Ringe an die Finger stecken, bemerkt das Mädchen:

> „nun sind wir aber doch verlobt und versprochen, du bist mein Mann und ich deine Frau, wir wollen es einmal einen Augenblick lang denken . . .“ (S. 74)

Nicht bloßes Begehren, sondern „die Heiratsfrage“ bestimmt die Träume

Selbst dann noch, als ihr leidenschaftliches Begehren füreinander seinen Höhepunkt erreicht, sind die bürgerlichen Moralvorstellungen in den beiden wirksam. Nicht bloßes Begehren ist in den jungen Leuten „leidenschaftlich lebendig“, sondern „die Heiratsfrage“ (S. 74).

Die Arbeit aus der Sicht der Heimatlosen

Vrenchen träumt von einem ehrbaren Leben in materieller Sicherheit und von einem Haus, in dem sie sich geborgen fühlen kann. Sie kann das Angebot des schwarzen Geigers nicht annehmen, denn in einer sozialen Gruppe, in der die Werte der kleinbürgerlich-bäuerlichen Welt, der sie und Sali entstammen, nichts gelten, würden sie sich nicht wohl fühlen. Daß ein so wesentlicher Wert wie der der Arbeit dort keine Bedeutung hat, zeigt sich darin, daß, wie der Geiger bemerkt, bei ihnen nur gearbeitet wird, um sich zu ernähren, nicht aber, weil Arbeit und Pflichterfüllung als wesentlich für die menschliche Existenz angesehen werden. Vrenchen würde unter solchen Lebensbedingungen unglücklich werden, wie es sie auch schon bekümmerte, daß ihr Vater seine Arbeit vernachlässigte, und seinen Acker zu einem „recht übel gepflegten Gemüseplatz“ herunterkommen ließ, „dazu angelegt, um von der Hand in den Mund zu leben“ (S. 32). Von besonderer Bedeutung für Salis und Vrenchens Unfähigkeit, sich unter die Heimatlosen zu begeben, ist das Fehlen jeglichen

Der Ehrbegriff

Ehrbegriffs bei jenen, den sie selbst trotz des ehrlosen Verhaltens der Eltern nicht verloren haben. Auf das ehrbahre Verhalten der beiden wird in der Beschreibung ihres letzten Tages vom Erzähler immer wieder hingewiesen.

Rückkehr ins bürgerliche Leben bedeutet Tennung

Sali und Vrenchen bleibt nur eine Möglichkeit, sich aus ihrer ausweglosen Situation zu befreien. Da sie bei den Heimatlosen nicht leben wollen, und in die bürgerliche Welt nur zurückkehren können, wenn sie sich trennen, entschließen sie sich dazu, sich körperlich zu vereinigen, um dann gemeinsam in den Tod zu gehen. Als das Paar sich auf dem Feld, von dem alles Unglück ausging, aus dem wilden Treiben des „Blocksbergs" gelöst haben, begreifen sie, daß sie zwar ihr leidenschaftliches Begehren füreinander weder unterdrücken können noch wollen, aber sie sind bereit, daraus die schreckliche Konsequenz zu ziehen. Nachdem sie die Ehe vollzogen haben, ertränken sie sich im Fluß. Mit ihrem Selbstmord verstoßen die beiden gegen eine gesellschaftliche Norm, denn er wurde als „gottverlassene" (S. 77) und verwerfliche Handlung angesehen. Daher bekamen Selbstmörder auch kein kirchliches Begräbnis und wurden außerhalb des Friedhofs beigesetzt.

Entschluß zum gemeinsamen Sterben

Unterschiede und Entsprechungen der beiden Geschichten

Vom kompositorischen Aufbau her verlaufen die Geschichten von Manz und Marti und von Sali und Vrenchen unterschiedlich:

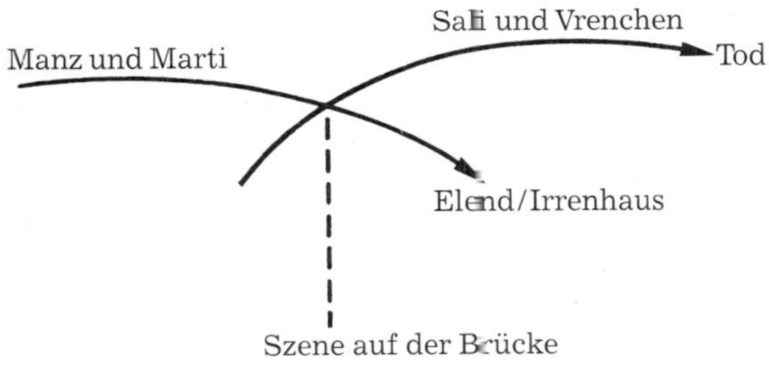

In der Geschichte von Manz und Marti bildet die Szene auf der Brücke die Katastrophe, den entscheidenden Wendepunkt, der das Schicksal der Männer endgültig besiegelt. Während die Manz- und Marti-Handlung an dieser Stelle ihren Höhepunkt überschreitet und fällt, steigt die Sali- und Vrenchen-Handlung. Mit der Brücken-Szene beginnt die eigentliche Geschichte des jungen Paares. Sali und

Funktion der Szene auf der Brücke

Fallende und steigende Handlung

Vrenchen verlieben sich genau in dem Augenblick ineinander, in dem der Konflikt zwischen den Vätern seinen Höhepunkt erreicht. Die beiden Geschichten unterscheiden sich nicht nur im Aufbau, sondern auch in der Motivation der Handlung. Während Manz und Marti wegen ihres leidenschaftlichen Haßes ihrem Untergang entgegengehen, beschwören Sali und Vrenchen ihr tragisches Schicksal durch ihre leidenschaftliche Liebe zueinander herauf.

Unterschied der Schuld der Väter und ihrer Kinder

Ein wesentlicher Unterschied besteht jedoch in den Voraussetzungen für das Schuldigwerden von Manz und Marti und der jungen Leute. Im Gegensatz zum Shakespeare-Drama werden sowohl die Eltern, als auch die Kinder schuldig, aber aus unterschiedlichen Gründen. Manz und Marti verstoßen gegen bürgerliche Werte und Normen, weil sie diese nicht wirklich in sich aufgenommen, sondern nur einen oberflächlichen Begriff von ihnen haben. Sali und Vrenchen verstoßen jedoch in erster Linie gegen das bürgerliche Wertsystem, gerade weil sie es nicht verletzen wollen.

Salis und Vrenchens Dilemma

Ihr Dilemma besteht darin, daß sie durch die Schuld der Eltern den Platz in der Gesellschaft verloren haben, deren Normen sie verinnerlicht haben. Sie können nicht aufeinander verzichten, sind aber ebensowenig fähig, außerhalb der bürgerlichen Gesellschaft zu leben. Da es ihnen klar ist, daß sie mit ihrem Wunsch nach Vereinigung die Wertvorstellungen dieser Gesellschaft verletzen, ziehen sie im Gegensatz zu ihren Eltern daraus bewußt die Konsequenz und wählen den Tod. Statt den bequemeren Ausweg zu wählen und sich unter das Hudelvölkchen zu begeben, handeln sie gemäß ihren sittlich-moralischen Vorstellungen.

Auch Salis Angriff auf Vrenchens Vater, das Schweigen der beiden über diesen Vorfall und die moralische Schuld, die sie damit auf sich laden, sind anders zu beurteilen, als die Schuld der Männer. In ihrer jugendlichen Unerfahrenheit können die jungen Leute noch nicht begreifen, welche Gefahren auf sie lauern und wie leicht man an seinem Mitmenschen schuldig werden kann.

Das Gewicht der Lebenserfahrung und des Wissens

Ihre „ergrauten" (S. 28) Väter dagegen erkennen trotz ihrer Lebenserfahrung nicht ihre sittliche Gefährdung, was um so schwerer wiegt, als sie einst „wohlweise" (S. 15) Männer waren. Manz und Marti begehen vorsätzlich das Unrecht an dem schwarzen Geiger, während Salis Angriff auf Marti im Affekt geschieht.

Der Schlußabschnitt der Novelle berichtet von der Verständnislosigkeit, auf die die Handlungsweise der Kinder in der Öffentlichkeit stößt. Er kontrastiert mit seinem Hinweis auf die Neigung des Menschen, über andere vorschnell und selbstgerecht zu urteilen, mit der einfühlsamen und verständnisvollen Weise, mit welcher der Erzähler die Geschichte dargestellt hat. Ohne jegliches Mitgefühl verurteilt die Gesellschaft die Tat der jungen Leute als Zeichen einer „um sich greifenden Entsittlichung und Verwilderung der Leidenschaften" (S. 77). So wie die Dorfbewohner jeden Gedanken an ihre eigenen Schwächen verdrängen und Manz und Marti zum „Schlechtigkeitsmesser ihrer Eigenschaften" (S. 12) machen, und so wie sich Manz und Marti über den schwarzen Geiger erheben, den sie als „Fetzel" (S. 6), als liederlichen Menschen verachten, um bald darauf moralisch und sozial noch tiefer zu sinken als dieser, so vergessen auch die ehrenwerten Bürger, die so hart mit Sali und Vrenchen ins Gericht gehen, daß sie im Glashaus sitzen und wie jeder andere sittlichen Gefährdungen ausgesetzt sind.

Die Reaktion der Leute auf die Handlungen der Väter und ihrer Kinder

Der Zeitungsartikel, mit dem die Novelle endet, ist eine implizite Aufforderung an den Leser, über das Verhalten von Sali und Vrenchen nicht vorschnell zu urteilen.

Der Novellenschluß in der Erstfassung

In der ersten Fassung läßt Gottfried Keller die Novelle mit einer „Degenparade gegen die Philister" enden, in der er explizit macht, wie er seine Erzählung verstanden wissen will. Die Tat von Sali und Vrenchen soll weder verurteilt, noch verherrlicht werden:

Zeitkritische Intentionen Kellers

> „Was die Sittlichkeit betrifft, so bezweckt diese Erzählung keineswegs, die Tat zu beschönigen und zu verherrlichen; denn höher als diese verzweifelte Hingebung wäre jedenfalls ein entsagendes Zusammenraffen und ein stilles Leben voll treuer Mühe und Arbeit gewesen ... Was aber die Verwilderung der Leidenschaften angeht, so betrachten wir diesen und ähnliche Vorfälle welche alle Tage im

> niedern Volke vorkommen, nur als ein weiteres Zeugnis, daß dieses allein es ist, welches die Flamme der kräftigen Empfindung und Leidenschaft nährt und wenigstens die Fähigkeit des Sterbens für eine Herzenssache aufbewahrt, daß sie zum Troste der Romanzendichter nicht aus der Welt verschwindet. Das gleichgültige Eingehen und Lösen von „Verhältnissen“ unter den gebildeten Ständen von heute, das selbstsüchtige frivole Spiel mit denselben, die große Leichtigkeit, mit welcher heutzutage junge Leutchen zu trennen und auseinander zu bringen sind, sind zehnmal widerwärtiger als jene Unglücksfälle, welche jetzt die Protokolle der Polizeibehörden füllen und ehedem die Schreibtafeln der Balladensänger füllten. Wir sehen alle Tage etwa einen wohlgekleideten Herrn, der seine Frau oder Braut mitten auf der Straße plötzlich stehen läßt und auf die Seite springt, weil irgend einem Schlächter eine alte Kuh entsprungen ist und bedrohlich dahergerannt kommt. Höchstens aus der Ferne, hinter einer Haustür hervor, schwingt er sein Stöckchen und macht: Bscht! Bscht! Solche Leute werden sich allerdings nicht aus Eigensinn und Leidenschaft ums Leben bringen, wenn man sie trennen will.“ (SW VII, 396 f.)

Wenn Sali und Vrenchen auch nicht die Kraft besitzen, ihre Liebe aufzugeben und ohne den anderen den Versuch zu unternehmen, in die bürgerliche Gesellschaft zurückzukehren, so besitzen sie doch die Stärke, für ihre Liebe zu sterben. In dieser reflektierenden Schlußbetrachtung beklagt der Erzähler, daß die zeitgenössische Gesellschaft im Gegensatz zu Sali und Vrenchen nur einen oberflächlichen Begriff von Liebe und Treue hat, ebenso, wie Manz und Marti nur eine oberflächliche Auffassung von Ehre besitzen. Die Kritik am Fehlverhalten Einzelner wird hier also ausgeweitet zu einer allgemeinen Gesellschaftskritik. In der endgültigen Fassung der Novelle hat Keller die „schnöde prosaisch schnarrende Schlußbetrachtung“ – wie er sie selbst nennt – gestrichen. Die „Schlußnergelei“, so bemerkt Keller in einem Brief an Paul Heyse, der die Novelle in seinen Novellenschatz aufnehmen wollte, sei eine „verjährte Stimmungssache“. Keller entschließt sich dafür, den in der „Degenparade“ enthaltenen

Entscheidung für die Kurzfassung des Novellenschlusses

Gedanken dem Leser implizit zu vermitteln. Indem er die Novelle mit der Zeitungsnotiz enden läßt, überläßt er es ihm, sich selbst ein Urteil zu bilden und kritisch über das Erzählte nachzudenken.

Die Geschichte von Manz und Marti als Exempel für menschliches Fehlverhalten

Die Verallgemeinerung des Falles „Manz und Marti"

Die Geschichte von Manz und Marti und ihrem unsittlichen und unmenschlichen Verhalten wird von dem Erzähler nicht als Einzelfall dargestellt, sondern als exemplarisch für menschliches Fehlverhalten schlechthin. Verschiedentlich weist der Erzähler auf das unsoziale Verhalten der anderen Mitglieder der Gemeinde gegenüber dem schwarzen Geiger hin. An mehreren Textstellen macht der Erzähler besonders deutlich, daß jeder Mensch zur Sünde bereit ist, wenn es um seinen eigenen Vorteil geht. Manz und Marti haben nichts weiter getan,

> „als was zwei Drittel der übrigen unter diesen Umständen auch getan haben würden ... Die meisten Menschen sind fähig oder bereit, ein in den Lüften umgehendes Unrecht zu verüben, wenn sie mit der Nase darauf stoßen: sowie es aber von einem begangen ist, sind die übrigen froh, daß sie es doch nicht gewesen sind, daß die Versuchung nicht sie getroffen hat, und sie machen nun den Auserwählten zu dem Schlechtigkeitsmesser ihrer Eigenschaften und behandeln ihn mit zarter Scheu als einen Ableiter des Übels, der von den Göttern gezeichnet ist, während ihnen zugleich noch der Mund wässert nach den Vorteilen, die er dabei genossen." (S. 11/12)

Exemplarische Bedeutung einer Nebenfigur

Der Mensch ist nicht nur bereit, ein Unrecht zu begehen, wenn er daraus persönlichen Nutzen ziehen kann; hat die Versuchung einen anderen getroffen, so ist er ebenso schnell bereit, diesen zu verurteilen und jeden Gedanken an die eigene Fehlbarkeit zu verdrängen. Daß die meisten Menschen aus Habgier zu allem bereit sind, zeigt sich auch an der Bäuerin, der Vrenchen die Geschichte von ihrem Lotteriegewinn erzählt. Zunächst begrüßt die Frau Vrenchen mißbilligend mit den Worten:

> „Du treibst es ja schon gut!“ (S. 52)

Als sie aber glaubt, die Geschichte sei wahr, und sie könne materiellen Nutzen aus ihrer Bekanntschaft mit Vrenchen ziehen, bezeichnet sie das Mädchen als „braves und gutes“ (S. 53) Kind und lauscht seinen Versprechungen „mit lüsternem Gesicht und der Mund wässerte ihr“ (S. 53).

Ein ständeübergreifendes Laster

Die Bereitschaft, sich vom Eigennutz leiten zu lassen, auch wenn dies auf Kosten anderer geschieht, findet sich in allen gesellschaftlichen Schichten. Ob König oder armer Mann, niemand ist gegen die Versuchung gefeit. Was mit Manz und Marti geschieht,

> „geschieht nun freilich alle Tage; aber zuweilen stellt das Schicksal ein Exempel auf und läßt zwei solche Äufner ihrer Hausehre und ihres Gutes zusammentreffen, die sich dann unfehlbar aufreiben und auffressen wie zwei wilde Tiere. Denn die Mehrer des Reiches verrechnen sich nicht nur auf den Thronen, sondern zuweilen auch in den niedersten Hütten und langen ganz am entgegengesetzten Ende an, als wohin sie zu kommen trachteten, und der Schild der Ehre wird im Umsehen eine Tafel der Schande“. (S. 69)

Anprangern eines falschen Ehrbegriffs

An dieser Stelle wird deutlich, daß es dem Erzähler darum geht, einen falschen Ehrbegriff anzuprangern. Manz und Marti stehen stellvertretend für all die Menschen, die Ehre mit Besitz gleichsetzen, die meinen, daß sie um so ehrenhafter, je mehr Eigentum sie besitzen, ohne zu bedenken, daß diese Auffassung von Ehre den Verlust der Ehre im Sinn von Rechtschaffenheit, Sittlichkeit und Menschlichkeit bedeutet.

Darstellung der Figuren

Typisierende Züge an Manz und Marti

Die in der Novelle auftretenden Hauptfiguren werden in unterschiedlicher Weise und in unterschiedlicher Ausführlichkeit beschrieben und charakterisiert. Manz und Marti weisen sowohl typisierende als auch individualisierende Züge auf. Der Erzähler beschreibt die beiden Bauern als typische Vertreter der enggefügten dörflichen Gemeinschaft. Sie stellen die „ursprüngliche Art" (S. 3/4) dieses Landstrichs dar, und unterscheiden sich in ihrem Wesen nicht grundlegend von den anderen Mitgliedern der dörflichen Gesellschaft, mit der Ausnahme, daß die Versuchung, sich auf Kosten eines anderen zu bereichern, sie getroffen hat und „das Schicksal ein Exempel" (S. 69) an ihnen aufstellt. Daß Manz und Marti als Vertreter eines bestimmten Typus aufzufassen sind, zeigt sich auch darin, daß die beiden Männer sich sehr ähneln. Äußerlich gleichen sie „einander vollkommen in einiger Entfernung" (S. 3). Die Funktion der typisierenden Darstellung der Bauern besteht darin, daß an ihnen allgemein menschliche Eigenschaften kritisch beleuchtet werden sollen. An Manz und Marti werden stellvertretend sittliche Probleme aufgezeigt, die „tief im Menschenleben" (S. 3) wurzeln. Wenn die beiden Bauern auch als Vertreter eines bestimmten Typus dargestellt werden, so sind sie doch gleichzeitig auch Individuen von unverwechselbarer Eigenart. Allerdings besitzt Manz eine komplexere Persönlichkeit und wird detaillierter dargestellt als sein Nachbar. So erfährt der Leser über Manz und seine inneren Reaktionen auf das äußere Geschehen weit mehr als über Marti. Der Erzähler gibt zwar keinen direkten Einblick in die Gedanken der Figur, aber er charakterisiert sie indirekt durch seine Kommentare und durch die Schilderung von Verhaltensweisen und Handlungen, die für sich selbst sprechen. Als Manz seinen Sohn zur Arbeit anhält, kommentiert der Erzähler das Verhalten des Mannes folgendermaßen: Manz tue dies,

Individualisierende Züge an Manz und Marti

„als ob er mit dieser Arbeitsstrenge gegen sein eigenes Blut das Unrecht *betäuben* wollte, in dem er lebte". (S. 13)

Innerer Zwiespalt in Manz

An dieser Stelle macht der Erzähler den inneren Zwiespalt deutlich, in dem sich die Figur befindet. Manz weiß in seinem Unterbewußtsein, daß er gegen den Sittenkodex der dörflichen Gemeinschaft verstoßen und dadurch seine Integrität und Persönlichkeit verloren hat. Weil er dies in seinem Innern weiß, empfindet er Achtung vor seinem Sohn,

„in welchem er mit *verwirrtem Gewissen* und *gepeinigter Erinnerung* seine eigene Jugend achtete". (S. 19)

Die Realitätsferne der Männer

Der Alte empfindet Scham und Gewissensbisse, ist jedoch unfähig, sich aus seiner Lage zu befreien. Er hat „Tagträume, die aus dem Gewissen" kommen (S. 30), aber er verdrängt den Gedanken an seine Schuld und die Folgen aus seinem Bewußtsein, so lange, bis er die Augen vor der Wirklichkeit nicht mehr verschließen kann und es zu spät ist.

Auch Marti verdrängt die Wirklichkeit aus seinem Bewußtsein. Wie sein Nachbar schätzt auch er seine Handlungen und sich selbst falsch ein. Er verdrängt jeden Gedanken an seine Schuld und bemerkt nicht die Veränderung, die sich in seinem Wesen vollzogen hat. Er hält sich immer noch für einen „aufrechten, klugen und wehrhaften Mann" (S. 15), als aus ihm bereits ein „liederlicher" und „recht böser verlorener Bauersmann" (S. 31) geworden ist. Wie Manz, so verkennt auch er die Tatsache, daß er selbst für seinen Ruin verantwortlich ist, und hält seinen Nachbarn für „den Urheber seines Unsterns" (S. 17).

Unterschiedliche Ausgestaltung der Figuren

Über Martis innere Reaktionen auf die Geschehnisse erfährt der Leser sehr wenig. Als Manz in die Stadt gezogen ist, werden die Vorgänge und die Auswirkungen, die diese auf die Psyche der Familienmitglieder – vor allem auf den Alten – haben, auf mehreren Seiten geschildert. Wie es Marti in diesem Zeitraum ergeht, wird dagegen in einem Absatz zusammengefaßt, wobei sich der Erzähler auf die Schilderung der Veränderungen in den äußeren Lebensumständen beschränkt.

Die Ehefrau des Manz

Recht ausführlich wird auch die Ehefrau des Manz beschrieben. Über Martis Frau erfährt der Leser lediglich, daß sie „von guter Art“ ist (S. 17). Aus Kummer über den Verfall und das Elend stirbt sie, als Vrenchen dreizehn Jahre alt ist. Die Frau des Manz ist von weniger empfindsamer Natur. Sie macht eine ähnliche Entwicklung durch wie ihr Mann. Hatte sie zuvor „einige weibliche Fehler“ (S. 17), so werden aus diesen mit der Zeit Laster, ohne daß die Alte fähig wäre, diese als solche zu erkennen. Sie hält sich für liebenswürdig und klug. In der Ehe ist die Frau der dominierende Teil. Während der Alte trübselig wird und resigniert, versucht seine Frau zunächst, durch das Anlocken von Gästen ihre Lage zu verbessern. Erst als die Situation völlig hoffnungslos wird, verliert sie ihre Energie und gibt auf.

Sali und Vrenchen ausschließlich als Individuen dargestellt

Sali und Vrenchen sind im Gegensatz zu den Alten ausschließlich individuell gezeichnet und tragen keine typisierenden Züge. Während ihre Eltern eine innere Entwicklung durchmachen, verändert sich das Wesen der Kinder nicht. Sie bewahren sich ihre ursprüngliche Persönlichkeit.

Salis Charakter

Am ausführlichsten wird dem Leser das junge Mädchen geschildert. Sali dagegen wird nur sehr knapp beschrieben. Der junge Mann ist ehrbar, treuherzig und sanftmütig. Dies zeigt sich daran, daß er selbst auf dem Höhepunkt des Konflikts zwischen den Familien einen „ziemlich zahmen Feind“ (S. 20) abgibt. In seinem Verhalten gegenüber Vrenchen zeigt er sich zärtlich, liebevoll und selbstlos. „Du mußt mich vergessen!“, sagt er in der Schlußszene zu seiner Freundin,

> „es handelt sich jetzt nur um dich; du bist noch so ganz jung, und es kann dir noch auf allen Wegen gut gehen!“ (S. 73)

Realistische Figurenzeichnung

Um Vrenchen nicht die Zukunft zu versperren, ist er sogar bereit, auf sie zu verzichten. Dennoch wird Sali nicht idealisierend, sondern durchaus realistisch dargestellt. So läßt er sich trotz seiner Sanftmütigkeit als kleiner Junge dazu hinreißen, die Puppe seiner Spielgefährtin zu mißhandeln und eine Fliege lebendig zu begraben. Auch in ihm macht sich die „menschliche Grausamkeit“ (S. 9) bemerkbar. Dennoch hat er sich im Gegensatz zu seinen Eltern seine Ehrbarkeit bewahrt. Auf dem Weg über die Dörfer benimmt er sich nicht wie „der Sohn eines verkommenen Schankwirtes", sondern als wenn er „sehr wohl erzogen wäre" (S. 59).

Die komplexe Persönlichkeit Vrenchens

Das Mädchen ist als eine weit komplexere Persönlichkeit angelegt als der Junge. Sie wird von allen Figuren am eingehendsten beschrieben. Vrenchen ist bescheiden, demütig und von natürlicher Sittlichkeit. Gleichzeitig ist sie aber auch sinnlich, leidenschaftlich und lebenslustig. Ihre „feurige Lebenslust und Fröhlichkeit" (S. 18) wird durch ein Symbol sichtbar gemacht: durch die Farbe Rot, die immer wieder in der Beschreibung des Mädchens auftaucht. Es ist von ihren purpurfarbenen Lippen die Rede, und von ihrem Gesicht, das „glühte wie eine rote Nelke" (S. 60).

Unterschiedliches Temperament bei Sali und Vrenchen

Während Sali ein eher ruhiges Wesen besitzt, ist Vrenchen voller Energie und Tatendrang. Der junge Mann schickt sich in sein Schicksal und in das seiner Eltern und verhält sich passiv. „Lässig und gedankenlos" lebt er vor sich hin und läßt „trotzig" (S. 19) die Tage verstreichen.

Vrenchens Dominanz in der Beziehung der beiden

Vrenchen dagegen versucht so gut wie möglich, das Beste aus ihrer Lage zu machen und dem Verfall und Niedergang ihres Heimes entgegenzuwirken. In der Freundschaft der jungen Leute ist sie die treibende Kraft und Sali derjenige, der sich von der Energie und Unbedingtheit des Mädchens leiten läßt. So ist sie es, die tanzen gehen will und ihren Freund zu dem Gang zum Kirchweihfest überredet. Am deutlichsten zeigt sich das dominierende Wesen des Mädchens in der Schlußszene. Vrenchen ist diejenige, die in der „Heiratsfrage" mit „leidenschaftlicher Entschiedenheit unmittelbar Tod oder Leben" (S. 74) sieht. Erst als Sali den Wunsch und die Unbedingtheit in Vrenchens Begehren bemerkt, geht ihm „ein Licht auf" und

> „das weibliche Gefühl des jungen Mädchens ward in ihm auf der Stelle zu einem wilden und heißen Verlangen und *eine glühende Klarheit erhellte ihm die Sinne*". (S. 74)

Symbole und ihre Funktion

Zwei Funktionen

In der Erzählung finden sich zahlreiche Symbole, die im wesentlichen zwei Funktionen erfüllen:

Symbol	Funktion des Symbols
wilder Acker, Stein, Geiger, Fluß, Haus, Bett	leitmotivische Wiederaufnahme der Thematik, Verknüpfung der Novelle zu einer kompositorischen Einheit
wilder Acker, Haus, Hof, Kleidung, Natur	Charakterisierung der Figuren, Sichtbarmachung innerer Vorgänge und seelischer Zustände

Während die eine Gruppe von Symbolen in erster Linie dazu dient, die Thematik hervorzuheben und die einzelnen Erzählabschnitte miteinander zu verknüpfen, so daß eine kompositorische Einheit entsteht, dient die andere Gruppe primär der Charakterisierung der Figuren und der Darstellung inneren Geschehens. Einige Symbole üben beide Funktionen aus, was daher rührt, daß seelische Zustände und Veränderungen im Wesen der Figuren zum Thema der Geschichte gehören. Neben Dingen und Figuren erhalten auch Situationen und Handlungen eine symbolische Bedeutung.

Symbole, die auf die Thematik verweisen

Themenbezogene Symbole

Der wilde Acker

Ein zentrales Symbol taucht bereits in der Eingangsszene auf und bleibt im ersten Teil der Novelle, in dem es um das Schicksal der beiden Bauern geht, dominant: der wilde Acker, der die Felder von Manz und Marti voneinander trennt. Er steht als Symbol für die Schuld, die die beiden Männer auf sich geladen haben. Er versinnbildlicht jedoch nicht nur die Schuld einzelner Menschen, sondern den Sünden-

Symbol	Bedeutung des Symbols
wilder Acker, Stein, Geiger	Schuld, Zerstörung sozialer Bindungen
Haus, Bett	Bürgerliches Lebensglück, Geborgenheit in einem gesicherten Zuhause, soziale Heimat
Fluß, schwarzer Geiger	Untergang und Tod

fall des Menschen schlechthin. Auch Sali und Vrenchen sind vor der Macht des Bösen nicht sicher. Für die Kinder ist der wilde Acker ein Paradies, aber ein Paradies nicht vor der Scheidung von Gut und Böse, sondern nach dem Fall des Menschen, wie die grausamen Spiele der Kinder zeigen. Eng verknüpft mit dem Bild des Ackers ist das des Steins. Auch dieses Symbol verweist nicht nur auf das Unrecht von Manz und Marti, sondern auf die Bereitschaft des Menschen im allgemeinen, sich an seinem Mitmenschen zu vergehen. Als Manz die Steine von dem wilden Acker auflesen läßt, nachdem er diesen ersteigert hat, heißt es:

Die Steine

> „alle Steine der Welt schienen da beisammen zu sein". (S. 14)

Der Stein steht auch für die Zerstörung der Harmonie zwischen den beiden Familien. Der „wilde Steinkamm" (S. 11), den Manz und Marti zwischen ihren Feldern auf dem herrenlosen Acker auftürmen, ist wie eine Mauer, die die Familien immer mehr voneinander trennt und die die jungen Leute durch ihre Liebe überwinden, um dann doch daran zu scheitern, da sie im Diesseits nicht zusammenkommen können. Eng verknüpft werden die Symbole des Steins und des Ackers mit der Figur des Geigers. Bei seinem ersten leibhaftigen Auftritt in der Erzählung erscheint der Heimatlose auf dem wilden Acker, wo er von dem „ungerechten Stein-

Der schwarze Geiger

haufen“ (S. 35) herab die Kinder anspricht und ihnen die Augen über ihre Väter öffnet.
Zu einer weiteren Gruppe von Symbolen, die auf die in der Novelle behandelte Thematik verweist, gehört das Bild des Hauses, das für eine gesicherte bürgerliche Existenz und für Geborgenheit in einer sozialen Gemeinschaft steht. Dieses Symbol spielt vor allem im zweiten Teil der Novelle, in dem Sali und Vrenchen im Mittelpunkt stehen, eine herausragende Rolle. Mit dem Verlust ihres einstigen Zuhauses sind die Kinder auch sozial und existenziell unbehaust.

Bilder des Hauses

> „Unser Herz ist jetzt unser Haus, darin wir wohnen, und wir tragen so unsere Wohnung mit uns, wie die Schnecken! Andere haben wir nicht!“ (S. 63)

bemerkt Vrenchen zu Sali, als sie ihm auf dem Jahrmarkt ein Lebkuchenherz schenkt. Sali schenkt dem Mädchen ein Lebkuchenhaus, das Vrenchen „wehmütig“ (S. 65) vor sich her trägt. Schon beim ersten Walzer, den die beiden im Paradiesgärtchen miteinander tanzen, zerbricht es, so wie auch jede Hoffnung auf ein bürgerliches Lebensglück für sie zerbrochen ist.
Ein weiteres Dingsymbol, das auf Vrenchens Verlust der Geborgenheit, der Sicherheit und eines Heims hinweist, ist das Bett, das als letztes Möbelstück abgeholt wird, bevor das Mädchen das Haus ihrer Eltern endgültig verlassen muß.

Das Bett

Eine dritte Gruppe von Symbolen verweist auf einen weiteren Aspekt der Thematik, auf Untergang und Tod.

Todessymbolik

So erhält der Fluß, der bereits auf der ersten Seite Erwähnung findet, im Verlauf der Erzählung symbolische Bedeutung. Dort versammeln sich die gestrandeten Existenzen aus der Stadt, um zu fischen, eine Tätigkeit, die darauf hindeutet, daß diese Menschen den untersten Sproß der sozialen Leiter erreicht haben. Auch Manz und Marti gehören bald zu denen, die ihr Leben verpfuscht haben und nun isoliert am Rande der Gesellschaft dahinvegetieren. Am Fluß ist es auch, wo der Streit zwischen Manz und Marti seinen Höhepunkt erreicht und den Untergang und das endgültige Scheitern der Männer anzeigt.

Für Sali und Vrenchen bringt der Fluß schließlich den Tod, als sie sich in seine „kalten Fluten" (S. 76) gleiten lassen.

Wiederaufnahme von Situationen und Handlungen

Nicht nur Dinge und Figuren erhalten in dieser Erzählung symbolische Bedeutung. Durch die Wiederaufnahme bestimmter Situationen und Handlungen wird diesen eine zusätzliche Bedeutung verliehen. In der Eingangsszene, in der Manz und Marti bei ihrer Arbeit gezeigt werden, heißt es, daß die Männer mit dem Pflug über ihre Äcker ziehen,

> „bis beide wie zwei untergehende Gestirne hinter die Wölbung des Hügels hinabgingen und verschwanden". (S. 4)

Eine ähnliche Situation findet sich in der Mitte der Erzählung. Dieses Mal sind es Sali und Vrenchen, die über die Anhöhe gehen,

> „still, glückselig und ruhig, so daß dieses einige Paar nun auch einem Sternbilde glich, welches über die sonnige Rundung der Anhöhe und hinter derselben niederging, wie einst die sicher gehenden Pflugzüge ihrer Väter". (S. 35)

Gegenläufige Entwicklung der Beziehungen zwischen den Figuren

Symbolische Vorwegnahme einer Handlung

Auf die Parallelität der Situationen wird vom Erzähler ausdrücklich hingewiesen. Sie verdeutlicht die gegenläufige Entwicklung in den Beziehungen der Figuren zueinander. Herrschte einst Einklang zwischen den Bauern – die Sternmetapher ist ein Hinweis auf Harmonie und Eintracht – so ist nun das Verhältnis zwischen den jungen Leuten harmonisch, während die Alten aus ihrer ruhigen Bahn geworfen sind und einander mit Haß begegnen. Eine weitere bedeutungsvolle Situation, die sich später wiederholt, ist die folgende: Zu Beginn der Erzählung schlägt Sali die Puppe des Mädchens mit einem Stein und schließlich begraben sie den Puppenkopf samt der darin eingeschlossenen Fliege. Auf dem Grab errichten sie ein „ansehnliches Denkmal von Feldsteinen" (S. 9). Auch hier ist der Stein als Symbol für die Schuld und den Sündenfall des Menschen aufzufassen. Sali und Vrenchen haben etwas „Geformtes und Belebtes" (S. 9) begraben. Der Vergleich des Puppenkopfes mit dem „weissagenden Haupte" eines „Propheten" (S. 9) weist bereits voraus auf die tragische Wiederholung der Handlung: Aus Angst, aber auch aus Jähzorn schlägt Sali Marti mit einem Stein nieder, so daß dieser auf den Steinhaufen niedersinkt, der sich auf dem Ackerzipfel türmt. Als der Alte schließlich ins Irrenhaus gebracht wird, ist von einem „lebendigen Begräbnis" (S. 44) die Rede. Die Zerstörung der Puppe durch Sali nimmt also symbolisch die Zerstörung Martis durch den jungen Mann vorweg.

Symbole, die der indirekten Figurencharakterisierung und der Darstellung innerer Vorgänge dienen

Spiegelung innerer Vorgänge in der Außenwelt

Auch in der Charakterisierung der Figuren spielen Symbole eine herausragende Rolle. In dieser Novelle werden innere Vorgänge der Figuren nicht immer explizit berichtet, sondern oft bildhaft dargestellt. Folgenden Symbolgruppen kommt dabei besondere Bedeutung zu:

Symbol	Bedeutung des Symbols
wilder Acker, verwildeter Hof	moralische Verwilderung
Natur	Spiegel der Stimmung, der inneren Verfassung der Figuren
Kleidung; äußere Erscheinung	Harmonie bzw. Disharmonie im Wesen der Figuren; Charakter der Figuren

Ein zentrales Symbol, das die Veränderung im Wesen von Manz und Marti versinnbildlicht, ist das des wilden Ackers, bzw. des Zipfels, um den der Streit entbrennt. Er ist

> „der erste Keim oder der Grundstein einer verworrenen Lebensgeschichte und Lebensweise, in welcher die zwei Fünfzigjährigen noch *neue Gewohnheiten*

und Sitten, Grundsätze und Hoffnungen annahmen als sie bisher geübt." (S. 16)

Daß aus den einst ruhigen Bauern zwei „wilde Tiere" (S. 69) geworden sind, die sich ganz der Leidenschaft des Streites hingeben, wird sichtbar an der Verwahrlosung ihres Besitzes. Während der Leser über Manzens Hof nichts Näheres erfährt – es heißt lediglich, daß von einem „zusammenhängenden und vernunftgemäßen Arbeiten" nicht mehr die Rede sein kann – wird Martis Besitz eingehend geschildert. Sein Feld auf der Anhöhe sieht aus wie einst der herrenlose Acker. Sein Haus ist halb verfallen und der Garten überwuchert von „wildem Gewächs" (S. 33). Das Adjektiv „wild" taucht in der Beschreibung von Martis Besitz immer wieder auf. Gleichzeitig verwendet es der Erzähler mehrfach zur Charakterisierung der beiden Bauern. Es handelt sich bei dem Adjektiv „wild" um ein Schlüsselwort, das die Symbolfunktion des Ackers und des verkommenen Hofes deutlich macht und die Verbindung herstellt zwischen der Verkommenheit des Besitzes und der Verkommenheit der Besitzer.

Verwilderung des Besitzes zeigt die Verwilderung der Besitzer

Spiegelung innerer Vorgänge in der Natur

Die innere Verfassung der Männer spiegelt sich auch in der Natur. Zu Beginn der Erzählung gehen die Bauern in einer „stillen goldenen Septembergegend" (S. 4) ruhig ihrer Feldarbeit nach. Manz und Marti sind zufriedene und ausgeglichene Menschen, die einander in Freundschaft begegnen. Ihre innere Harmonie korrespondiert mit der friedlichen, idyllisch anmutenden Landschaft. In Kontrast zu dieser Naturschilderung steht die Szene am Bach.

Hier ist die Natur nicht mehr lieblich und ruhig, sondern ebenso aufgewühlt wie die Streitenden. Ein heftiges Gewitter geht nieder. Nur für einen kurzen Augenblick erhellt der „grelle Abendschein" diese Szene, nämlich in dem Augenblick, in dem Sali und Vrenchen ihre Liebe füreinander entdekken; er strahlt fort im Innern von Sali und „leicht, hell und warm war es ihm innen und außen" (S. 29).

Als dann Sali und Vrenchen bei ihrem Gang über die Anhöhe und bei ihrem letzten Gang über die Dörfer beschrieben werden, erscheint die Landschaft wieder lieblich und friedlich. In ihr spiegelt sich die glückliche Stimmung des jungen Paares und ihr harmonisches Verhältnis zueinander.

Innere Vorgänge werden aber auch durch die äußere Erscheinung und die Kleidung der Figuren sichtbar gemacht. So zeigt sich die Verwilderung im Wesen des Marti auch daran, daß sein einst „wohlrasierter“ (S. 3) Bart „seit Wochen nicht geschoren“ (S. 31) ist. Eine besondere Rolle spielt die Symbolik der äußeren Erscheinung jedoch bei den Frauengestalten. Obgleich Vrenchen „in einem wüsten Hause der Tyrannei eines verwilderten Vaters“ (S. 18) lebt, möchte das Mädchen

Symbolische Bedeutung von Kleidung und äußerer Erscheinung

> „sich gern halbwegs ordentlich und reinlich kleiden, ohne daß der Vater ihm die geringsten Mittel dazu geben wollte“. (S. 18)

Vrenchens Äußeres

Sie kleidet sich daher so sauber und ordentlich, wie es ihr möglich ist. Die Kleidung ist hier als Ausdruck der inneren Verfassung des Mädchens zu verstehen. Trotz der moralischen Verwilderung ihres Vaters ist Vrenchen nicht nur äußerlich, sondern auch sittlich rein geblieben. Vergleicht man ihre äußere Erscheinung mit der Art, wie sich Manzens Frau zurecht macht, als sie mit ihrer Familie in die Stadt zieht, so wird ein wesentlicher Unterschied zwischen den beiden Figuren deutlich. Die Kleidungsstücke der Bäuerin wollen weder zueinander, noch zu der Figur der Alten passen. In der Disharmonie ihrer Aufmachung spiegelt sich die Disharmonie ihres Wesens. Vrenchens Kleidung dagegen ist aufeinander und auf sie selbst abgestimmt. Sie ist Ausdruck der inneren Harmonie des Mädchens. Auch wirkt Vrenchens Frisur, die sie an ihrem letzten Tag trägt, nicht unpassend und lächerlich wie die der Spelunkenwirtin, die sich ihr spärliches Haar kokett zu Schnecken aufgerollt hat. Vrenchens Haar ist an diesem Tag

> „sehr wohl geordnet und die sonst so wilden Löckchen lagen fein und lieblich um den Kopf“. (S. 50)

Die Kräuselhaare werden immer wieder als wesentliches Merkmal an Vrenchen hervorgehoben. Sie sind als Symbol für das feurige Wesen des Mädchens aufzufassen. Daß die wilden Löckchen an diesem

Tag gebändigt und wohlgeordnet sind, ist als äußerer Hinweis auf einen seelischen Vorgang zu verstehen. Die saubere und ordentliche Erscheinung Vrenchens ist ein Symbol für das Bemühen des Mädchens, den natürlichen Instinkten Maß und der Verwilderung Ordnung abzugewinnen.

Salis Äußeres

Auch in der Beschreibung Salis erhält die Kleidung eine symbolische Bedeutung. Bevor der junge Mann sich auf den Weg macht, um Vrenchen abzuholen, zieht er sich „sorglich“ (S. 49) an und stellt seinen Hemdkragen „ehrbar und männlich“ (S. 49/50) in die Höhe. Sali hat sich trotz der Schuld, die er auf sich geladen hat, seine Ehrbarkeit bewahrt, denn der Grund für sein Schuldig-Werden ist nicht in moralischer Verkommenheit zu suchen, wie bei Manz und Marti, sondern ist, auch wenn es zum Teil aus Jähzorn geschah, eher die tragische Folge seiner Angst und seines Bemühens, Vrenchen beizustehen.

Die Symbolfigur des schwarzen Geigers

Besonders auffällig ist die Mischung von realistischer Darstellung und symbolischer Bedeutung in der Figur des Geigers. Als Vertreter einer gesellschaftlichen Randgruppe, an dem die zur Zeit der Entstehung der Novelle bestehenden sozialen Mißstände in der Schweiz aufgezeigt werden, wird er realistisch dargestellt. Er erfüllt aber auch mehrere Symbolfunktionen. So dient er zum Beispiel als Sinnbild für die Ungerechtigkeit und Schlechtigkeit von Manz und Marti, denn er ist derjenige, dem die beiden das Unrecht zufügen. An anderer Stelle tritt der Geiger als Symbol des Todes auf. Er ist der Todesbote, der dem jungen Liebespaar ihr tragisches Ende voraussagt:

Mischung von realistischer Darstellung und symbolischer Bedeutung

> „Es freut mich zu sehen, wie gut ihr gefahren seid, und werde gewiß noch erleben, daß ihr vor mir den Weg alles Fleisches geht!“ (S. 36)

Gegen Ende der Erzählung wird dem schwarzen Geiger, zusammen mit seinem Gefolge, eine weitere Symbolfunktion zugewiesen. In der Paradiesgärtchen-Szene verleiht ihm der Erzähler Züge des Dio-

Mehrere Symbolfunktionen

nysos, des griechischen Gottes der Fruchtbarkeit, der Ekstase und des Weins. Die Beschreibung des „wunderlichen“ (S. 65) Ortes enthält einen ersten Hinweis darauf. Das Haus ist

> „reichlich mit Weinreben übersponnen und blaue reifende Trauben hingen überall im Laube“. (S. 65)

Daß der schwarze Geiger auch übernatürliche Züge trägt, wird bereits in der Szene deutlich, in der er den Kindern zum ersten Mal begegnet. „In einem seltsamen Bann“ (S. 35) folgen sie „dem unheimlichen Gesellen unwillkürlich“ (S. 35). Auch im Paradiesgärtchen übt der Geiger eine magische Kraft auf die beiden aus. Willenlos lassen sie alles mit sich geschehen. Auch das Hudelvölkchen steht ganz unter seinem Bann. Er ist ihr Anführer, der die Schar mit seiner wilden Musik in Ekstase versetzt. Ausgelassenheit und Zügellosigkeit waren die Merkmale des antiken Dionysos-Kultes. „Ausgelassenheit“ (S. 72) herrscht auch unter der Gefolgschaft des Geigers, der sich bei dem Zug über die Anhöhe zu einem wilden Rausch steigert. Der „tolle nächtliche Zug“ (S. 72) zieht singend und lärmend hinter dem schwarzen Kerl her, der „wild“ (S. 72) und „wie besessen“ (S. 72) auf seinem Instrument spielt. Es ist ein „wahrer Blocksberg“ (S. 72), als er unter Anführung des Geigers den Hügel hinauftanzt und „tobend“ das Feld entlang „rast“.

Schlüsselwörter

Das Adjektiv ‚wild' ist ein Schlüsselwort in dieser Szene. Es taucht sowohl in der Beschreibung des Ortes auf – das Paradiesgärtchen ist umgeben von „verwilderter“ (S. 65) Natur – als auch in der Schilderung der Figuren und ihres Treibens. Es verweist auf die Entfesselung der animalischen Instinkte, auf die Auflösung jeglicher moralischer Bande. Das Adjektiv wird auch auf Sali und Vrenchen angewendet. Je verzweifelter das Mädchen ist, „um so wilder“ (S. 71) wird ihr Begehren für Sali. Auf dem Höhepunkt des ausgelassenen Treibens wird das Paar von einer „schmerzlichen wilden Laune“ (S. 72) ergriffen. Der Geiger ist hier also auch der Verführer, der Sali und Vrenchen dazu verleiten will, ihren Leidenschaften und ihrem sexuellen Begehren freien Lauf zu lassen.

Erzählperspektive

Auktoriale Erzählperspektive

Die Geschichte von den Bauern und ihren Kindern wird von einem allwissenden, d. h. auktorialen Erzähler wiedergegeben. Er hat Einblick in das Wesen und die inneren Vorgänge der Figuren:

> „Die Gedanken der sonst so wohlweisen Bauern waren nun so kurz geschnitten wie Häcksel; der beschränkteste Rechtssinn von der Welt erfüllte jeden von ihnen, indem keiner begreifen konnte noch wollte, wie der andere offenbar unrechtmäßig und willkürlich den fraglichen unbedeutenden Ackerzipfel an sich reißen könne. Bei Manz kam noch ein wunderbarer Sinn für Symmetrie und parallele Linien hinzu, und er fühlte sich wahrhaft gekränkt durch den aberwitzigen Eigensinn, mit welchem Marti auf dem Dasein des unsinnigsten und mutwilligsten Schnörkels beharrte. Beide aber trafen zusammen in der Überzeugung, daß der andere, den andern so frech und plump übervorteilend, ihn notwendig für einen verächtlichen Dummkopf halten müsse, da man dergleichen etwa einem armen haltlosen Teufel, nicht aber einem aufrechten, klugen und wehrhaften Manne gegenüber sich erlauben könne, und jeder sah sich in seiner wunderlichen Ehre gekränkt . . ." (S. 15)

Der Erzähler besitzt genaue Kenntnisse darüber, wie die Figuren sich selbst und die Situation, in der sie sich befinden einschätzen und welche Gefühle sie empfinden (er fühlte sich . . . gekränkt). Doch der Erzähler begnügt sich nicht mit einer bloßen Schilderung der Gedanken und Handlungen der Figuren, er kommentiert und bewertet sie auch, indem er zum Beispiel den Rechtssinn der Männer als „beschränkt" und ihr Ehrgefühl als „wunderlich" bezeichnet.

Erzählerkommentare

Vorausdeutungen

Die Allwissenheit des Erzählers äußert sich auch darin, daß er die Entwicklung, die die Ereignisse nehmen, im Gegensatz zu den Figuren von Anfang an überblickt. Als Sali und einige Tagelöhner den wilden Acker von Unkraut und Steinen befreien, bemerkt der Erzähler:

> „Dies war das letzte Freudenfest auf dem Unglücksfelde." (S. 14)

Als Manz und Marti mit ihrem Streit vor Gericht gehen, heißt es

> „und von diesem Tage an lagen die zwei Bauern im Prozeß miteinander und ruhten nicht, ehe sie beide zugrunde gerichtet waren". (S. 15)

Der Erzähler weiß bereits an dieser Stelle, daß Manz und Marti unaufhaltsam ihrem Untergang entgegen gehen. Er weiß auch, welches Schicksal Sali und Vrenchen erwartet, als diese noch „in lieblicher Hoffnung" über die Dörfer gehen:

> „... die armen Leutchen mußten an diesem einen Tage, der ihnen vergönnt war, alle Manieren und Stimmungen der Liebe durchleben und sowohl die verlorenen Tage der zarteren Zeit nachholen als das leidenschaftliche Ende vorausnehmen mit der Hingabe ihres Lebens. (S. 59)

Mit diesen vorausdeutenden Bemerkungen läßt der Erzähler den Leser an seinem Wissen teilhaben. Seine Aufmerksamkeit wird damit nicht so sehr auf den Ausgang der Geschichte gelenkt – bereits im Titel wird ihm ja angezeigt, daß sie nicht anders als tragisch enden kann –, sondern vielmehr auf den Ablauf der Handlung, d. h. darauf, *wie* und *warum* es zu diesem tragischen Ende kommt.

Das Zeitgerüst der Erzählung

Die Gestaltung der Zeit ist für den Aufbau der Novelle von großer Bedeutung. Immer wieder macht der Erzähler präzise Angaben, die es dem Leser ermöglichen, die einzelnen Ereignisse und Handlungsabläufe zeitlich einzuordnen.

Handlung	Erzählte Zeit	Erzählzeit
Die Bauern bei ihrer Arbeit; Gespräch zwischen Manz und Marti; Spiel der Kinder; Landraub	ein Nachmittag	S. 3–10 = 7 Seiten
Manz und Marti reißen eine Furche um die andere in den herrenlosen Acker	drei Jahre	S. 11 = ½ Seite
Verkauf des Ackers; Beginn des Streites um den Ackerzipfel	mehrere Tage	S. 11–15 = 4 Seiten
Ausweitung des Konflikts; sozialer Abstieg und moralische Verwilderung der beiden Bauern	neun Jahre	S. 15–26 = 11 Seiten
Streit zwischen Manz und Marti auf der Brücke; Sali und Vrenchen verlieben sich	ein Abend	S. 26–29 = 3 Seiten
Unterhaltung zwischen Sali und Vrenchen; Begegnung mit dem Geiger bei ihrem Spaziergang auf der Anhöhe; Sali schlägt Marti nieder	ein Tag	S. 29–42 = 13 Seiten
Vrenchen pflegt ihren Vater aufopferungsvoll; Marti kommt ins Irrenhaus	sechs Wochen	S. 42–44 = 2 Seiten
Sali und Vrenchen verbringen die Nacht in dem Haus des Mädchens und planen ihren Gang zum Fest	eine Nacht und ein Tag	S. 45–49 = 4 Seiten
Salis und Vrenchens letzter Tag; Selbstmord der beiden	ein Tag	S. 49–77 = 28 Seiten

Die Geschehnisse, die in der Novelle geschildert werden, erstrecken sich insgesamt über einen Zeitraum von zwölf Jahren und einigen Wochen. Sie werden zeitlich gerafft wiedergegeben. Die erzählte Zeit, d. h. die Zeit, die die Geschehnisse für ihren Ablauf benötigen, ist weit größer als die Erzählzeit, d. h. die Zeit, die der Leser zur Lektüre der Novelle benötigt. Lediglich dort, wo Dialoge in direkter Rede wiedergegeben werden, decken sich Erzählzeit und erzählte Zeit. Auffallend ist jedoch, daß in bestimmten Textabschnitten die Zeit vom Erzähler weit mehr gerafft wird als in anderen, und zwar vor allem dort, wo die Handlung vorangetrieben wird und sich sehr viel ereignet. Dagegen werden kürzere Zeiträume, in denen nichts Entscheidendes geschieht, recht ausführlich geschildert. So beginnt „Romeo und Julia auf dem Dorfe" mit einer sehr langen Exposition. Die Erzählung setzt nicht mit der Schilderung der Handlung ein, sondern stellt dem Leser ausführlich den Handlungsort, die vier Hauptfiguren und die Situation vor, auf deren Hintergrund sich die Handlung entfalten wird. Erst gegen Ende der Einleitung wird ein Ereignis geschildert: das Abpflügen der ersten Furche von dem wilden Acker. Erst jetzt setzt die eigentliche Handlung ein. Die Schilderung der idyllischen Landschaft und des harmonischen Verhältnisses der Menschen, die darin leben, ist eine wichtige Voraussetzung für das Verständnis dessen, was folgt.

12 Jahre erzählte Zeit

Ungleiche Raffung

Einsetzen der Handlung

Die Ereignisse, die schließlich zum endgültigen Ruin von Manz und Marti führen, werden auf recht knappem Raum wiedergegeben.

Ausgesprochen breit und ausführlich wird dagegen der letzte Tag von Sali und Vrenchen beschrieben, obgleich wenig Entscheidendes geschieht. Der Grund hierfür liegt darin, daß hier nicht die Handlung im Vordergrund steht, sondern die innere Verfassung der jungen Leute wird äußerst sorgfältig an sehr vielen Details und kleinen, scheinbar nebensächlichen Handlungen und Ereignissen vorgestellt. Es geht dem Erzähler nicht darum, seine Geschichte rasch auf ein spektakuläres Ende hinzuführen, sondern er verfolgt das Ziel, ein Seelenbild der beiden Hauptfiguren zu zeichnen. Nicht der Selbstmord

Innere Vorgänge wichtiger als Handlung

von Sali und Vrenchen ist für ihn das eigentlich Wichtige, vielmehr dessen Vorgeschichte, aus welcher der Leser erkennen kann, auf welche Weise und aus welchen Gründen die beiden zu ihrem tragischen Entschluß gekommen sind.

Elemente des bürgerlichen und des poetischen Realismus

„Romeo und Julia auf dem Dorfe" im Kontext der „Leute von Seldwyla"

„Romeo und Julia auf dem Dorfe" erschien 1856 zusammen mit vier weiteren Erzählungen unter dem Titel „Die Leute von Seldwyla". Ein zweiter Band erschien unter demselben Titel 1873/74. Alle Geschichten haben als Handlungsort die Stadt Seldwyla. Die einzige Ausnahme bildet „Romeo und Julia auf dem Dorfe". Hier spielt sich die Handlung in erster Linie in einem nahe der Stadt gelegenen Dorf ab; aber auch in dieser Erzählung spielt Seldwyla mit seinen Menschen und Institutionen eine Rolle. „Die Leute von Seldwyla" handeln von Sonderlingen und Menschen mit charakterlichen Schwächen, die durch ihr Verhalten aus der Gemeinschaft herausfallen. Mit Ausnahme der hier behandelten Geschichte enden sie jedoch alle versöhnlich: ‚die Hauptfiguren finden in die Gesellschaft zurück. Die „Charakter-Erzählungen", wie Keller sie nennt, werden in einem humorvollen und ironischen Ton erzählt. Lediglich in „Romeo und Julia auf dem Dorfe" tritt der Humor hinter dem ernsten Erzählton zurück und dient vor allem als „comic relief": durch komische Einlagen wird die Spannung, die durch die Schilderung der dramatischen Ereignisse im Leser entstanden ist, auf kurze Zeit abgemildert.

„Bürgerlicher" und „poetischer" Realismus

Elemente des bürgerlichen Realismus

Der Novellenzyklus wird sowohl dem „bürgerlichen", als auch dem „poetischen Realismus" zugeordnet. Mit dem ersten Begriff wird eine historische Einordnung vorgenommen. Er dient zur Beschreibung dessen, *was* erzählt wird. Der zweite Begriff wird zur Beschreibung von poetologischen Besonderheiten literarischer Werke verwendet und akzentuiert, *wie* erzählt wird. „Romeo und Julia auf dem Dorfe", aber auch die anderen Novellen dieser Sammlung, sind insoweit dem „bürgerlichen Realismus" zuzuordnen, als in ihnen, im Gegensatz etwa zu Shakespeares Dramen, nicht das Schicksal gesellschaftlich hochrangiger Personen im Mittelpunkt steht. Nicht mehr von Adligen, Prinzen und Königen wird erzählt, sondern von Menschen aus dem bürgerlichen Milieu. Der Begriff des „bürgerlichen Realismus“ wird vor allem zur historischen Einordnung der Werke Theodor Fontanes (1819–1916) und Thomas Manns (1875–1955) verwendet. Diese beiden Autoren befassen sich in ihren Romanen und Erzählungen mit dem *städtischen* Bürgertum. Ihre Geschichten spielen in politischen und wirtschaftlichen Zentren wie zum Beispiel Berlin und Lübeck. Im Mittelpunkt ihrer Werke steht das politisch und gesellschaftlich aufstrebende Bürgertum, das dem einst mächtigen Adelsstand die Vormachtstellung streitig macht. Fontane beschäftigt sich vor allem mit dem bürgerlichen Karrieredenken und den Konflikten und Tragödien, die daraus entstehen. Sowohl Fontane, als auch Mann geht es um das Aufzeigen historischer Prozesse; ihr Thema ist der Aufstieg und die Krise des Bürgertums.

Die Welt von Fontane und Thomas Mann

Kellers Welt

Kellers Figuren entstammen dagegen dem *ländlichen* Bürgertum. Dies gilt auch für die Bewohner Seldwylas, denn die Stadt besitzt im Gegensatz zu Lübeck oder Berlin einen eher provinziellen, dörflichen Charakter.

In seinen Werken sollen die „Bewohner der Bauernhütten“ erfahren, daß, wie Keller es in einer Rezension über die Werke Gotthelfs formuliert,

> „ihr Herz gerade auf die gleiche Weise schlägt wie das der feinen Leute; ... sie sehen, daß ihre Liebe und ihr Haß, ihre Lust und ihr Leid so bedeutungsvoll ist wie die Leidenschaften der Prinzen und Grafen ...“ aus: Gottfried Keller, Sämtliche Werke. Hrsg. von Jonas Fränkel und Carl Helbling. 24 Bde. Erlenbach u. Zürich (Bd. 16–19) u. Bern 1926–44. Bd. XXII, 45f.

Im Gegensatz zu Fontane und Mann erzählt Keller von einfachen, durchschnittlichen Menschen aus dem Volk, Menschen, die keine Machtposition innehaben. Auch geht es ihm weniger um die Darstellung historischer Prozesse. Während Fontane und Mann eine dynamische, sich in Bewegung befindende Welt darstellen und ihr Augenmerk auf geschichtliche Entwicklungen lenken, ist die Wirklichkeit, wie Keller sie in seinem Novellenzyklus

Statische versus dynamische Wirklichkeit

entwirft, statisch. Zwar werden auch zeitgenössische politische und gesellschaftliche Zustände beschrieben; in erster Linie geht es jedoch um allgemein menschliche Probleme, die unabhängig sind von der konkreten historischen Situation. Hierin erweist sich Keller als poetischer Realist. Sein Thema ist das Über-Individuelle und Über-Historische.

Elemente des poetischen Realismus

Darstellung des Über-Historischen

„Ewig sich gleich bleibt nur das, was rein und menschlich ist, und dies zur Geltung zu bringen, ist bekanntlich die Aufgabe der Poesie ..." Gottfried Keller, a. a. O., S. 45 f.

So formuliert es Keller in seiner Gotthelf-Rezension.
Das *was* erzählt wird, wird durch die Art und Weise *wie* es erzählt wird, poetisch überhöht. Keller behandelt seinen Stoff so, daß er ihm über das Konkrete hinaus eine allgemeine, höhere Bedeutung verleiht.

Realismus und Objektivität

Realismus wird im allgemeinen mit Objektivität gleichgesetzt. Die poetische Wirklichkeit besitzt jedoch nicht die Form eines empirischen Detailrealismus. Im Gegensatz zu der Auffassung der Naturalisten gibt es für den poetischen Realisten keine objektive Realität, die dementsprechend objektiv, ohne die vermittelnde Instanz eines Erzählers wiedergegeben werden kann, sondern nur die Wirklichkeit, wie Menschen – und somit auch der Dichter – sie wahrnehmen. In Kellers „Die Leute von Seldwyla" gibt es eine solche vermittelnde Instanz. Die Welt wird in diesen Novellen nicht aus der perspektivischen Sicht der Figuren beschrieben, sondern von einem allwissenden Erzähler, der das Geschilderte auch bewertet und kommentiert.

Die Rolle des auktorialen Erzählers im poetischen Realismus

Im poetischen Realismus sind Objektivität und Subjektivität miteinander vermischt. Der Dichter läßt bei der literarischen Gestaltung der Wirklichkeit seine eigene Persönlichkeit miteinfließen. Seine subjektive Sicht äußert sich in der Komposition seines Werkes. Im „Romeo und Julia auf dem Dorfe" ist es vor allem das Symbolgeflecht, das die gesamte Novelle durchzieht, und durch das Keller dem Leser deutlich macht, welche höhere Bedeutung er in dem Erzählten sieht.

Realismus und Romantik

In Kellers Novelle sind nicht nur Elemente des „poetischen Realismus“ zu finden. Theodor Fontane stellt fest, daß die Erzählung sowohl realistische als auch romantische Züge trägt:

> „Hier wird historisch nicht geprudelt, aber der Effekt dieser wundervollen Erzählung doch dadurch beeinträchtigt, daß die erste Hälfte ganz im Realismus, die zweite Hälfte ganz im Romantizismus steckt; die erste Hälfte ist eine das echteste Volksleben bis ins kleinste hinein wiedergebende Novelle, die zweite Hälfte ist, wenn nicht ein Märchen, so doch durchaus märchenhaft. Und warum? Weil dieser Märchenton leichter zu treffen ist als der der Wirklichkeit.“ Alfred Zäch. Gottfried Keller im Spiegel seiner Zeit. Urteile und Berichte von Zeitgenossen über den Menschen und Dichter. Zürich 1952, S. 109 f.

Die romantischen Züge machen sich, wie Fontane zutreffend konstatiert, in der Geschichte des jungen Paars bemerkbar:

> „So sprechen sie denn nicht wie Vrenchen und Sali, sondern wie Brüderchen und Schwesterchen.“
> Alfred Zäch, a. a. O., S. 109 f.

Im Verlauf der Novelle gerate Keller, so meint Fontane, „aus mit realistischem Pinsel gemalter Wirklichkeit in romantische Sentimentalität“. In der Tat ist „Romeo und Julia auf dem Dorfe“ nicht eindeutig einer literarischen Epoche zuzuordnen, sondern markiert vielmehr einen Übergang zwischen Romantik und Realismus.

Worterklärungen zum Text

S. 3 *Zwillich:* grober Leinenstoff

S. 6 *Steckleinspringer:* Schimpfwort für junge Geschäftemacher, die mit dem Spazierstock über Land gehen.
Fetzel (schweiz.): Lump, liederlicher Mensch.
Kesselvolk: fahrendes Volk der Kesselflicker.

S. 15 *Gemeindeamman* (schweiz.): Bezirks- oder Gemeindevorsteher.
Häcksel: geschnittenes Stroh

S. 19 *Händelführer:* streitsüchtiger Mensch
S. 22 *Verlag:* Unternehmen
Falliten: Zahlungsunfähige
schlimm: schief, unordentlich
S. 24 *fallieren:* Bankrott machen
S. 32 *zerspellt:* gespalten
Helbarte: Hellebarde, Hieb- und Stoßwaffe
S. 33 *ein guter Schick* (schweiz.): ein vorteilbringender Handel
S. 37 *Item:* nun
S. 44 *Meitli:* Maid, Mädchen
Häfelein: Diminutivform von ‚Hafen' (= Gefäß, Topf)
S. 45 *Unterschleif* (schweiz.) Unterschlupf
Spittel: Spital, Krankenhaus
Pfühl: Bett
S. 50 *Maultasche:* klatschsüchtige Frau
S. 51 *Fahrhabe* (schweiz.): bewegliches Vermögen
Waisenvogt: Vormund für elternlose Kinder
S. 53 *baß:* gut
S. 54 *Gevatterschaft:* Patenschaft
S. 55 *Simson:* biblische Figur mit übermenschlichen Kräften
S. 57 *wählig:* munter, übermütig
S. 58 *Pönitenz:* Buße
S. 60 *kopulieren:* verheiraten
Hudelvölkchen: Gesindel (Hudel-Lump)
Jüppe (schweiz.): Jupe, Frauenrock; auch: Säuglingsjäckchen
petschiert: hier: bedient
Gungeline (schweiz.): liederliche Frau
hässig (schweiz.): mürrisch
Essighafen: Essigtopf
S. 63 *Lyra:* Leier
S. 65 *Gesinde:* hier: Gesindel
Estrich: Dachboden
Brustwehr: Geländer, Brüstung
S. 66 *Bescheid tun:* zuprosten
S. 67 *abgeschossen:* verschossen, verblichen
Handzwehle: Handtuch
S. 69 *äufnen* (schweiz.): mehren, vermehren
S. 70 *Heustock:* Heuspeicher
S. 72 *Blocksberg:* Berg, auf dem sich in der Walpurgisnacht Hexen und Dämonen versammeln.
S. 76 *überquer:* quer zur Fahrtrichtung

Weiterführende Literatur

Feise, Ernst: Kellers „Romeo und Julia“ und Stifters „Brigitta“. Aufbau und Gehalt. In: Ernst Feise: Xenion. Baltimore 1950, S. 153–179.

Gilbert, Mary: Zur Bildlichkeit in Kellers „Romeo und Julia auf dem Dorfe“. In: Wirkendes Wort 4 (1953–1954), S. 354–358.

Höllerer, Walter: Gottfried Kellers „Leute von Seldwyla“ als Spiegel einer geistesgeschichtlichen Wende. Diss., Erlangen 1949.

Kaiser, Gerhard: Gottfried Keller. Das gedichtete Leben, Insel Verlag, Frankfurt a. M., 1981. Darin: Romeo und Julia auf dem Dorfe, S. 296–315.

Kaiser, Gerhard: Sündenfall, Paradies und himmlisches Jerusalem in Kellers „Romeo und Julia auf dem Dorfe“. In: Euphorion 65, 1971, S. 21–48.

Lange-Stichtenoth, Bodo: Untersuchungen zur Erzählkunst Gottfried Kellers an: „Die Leute von Seldwyla“. Diss., Göttingen 1955.

Obermayer, August: Gottfried Kellers „Romeo und Julia auf dem Dorfe“. Ein realistisches Märchen. In: Grillparzer-Jahrbuch 12, 1976, S. 235-255.

Richter, Hans: Gottfried Kellers frühe Novellen. Berlin 1966^2.

Seidlin, Oskar: Eine Stilanalyse. In: The German Quarterly, 15, 1942, S. 12–18.

Straub-Fischer, Esther: Die Farben und ihre Bedeutung im dichterischen Werk Gottfried Kellers. Francke Verlag, Bern 1973.

Wiesmann, Louis: Gottfried Keller. Das Werk im Spiegel der Persönlichkeit. Frauenfeld und Stuttgart 1967.

Zum poetischen Realismus

Cowen, Roy C.: Der Poetische Realismus. Kommentar zu einer Epoche. Winkler Verlag, München, 1985.